이원철 TV의 스마트폰 사용설명서

이원철 **지음**

KB199624

**"배움에는 끝이 없다!
여러분의 자기 계발을 도와드리는 크리에이터 강사 이원철입니다."**

스마트폰은 이제 단순한 통신 수단을 넘어 정보 검색, 금융 거래 등 일상생활을 더욱 편리하게 만들어 주는 필수 도구로 자리 잡았습니다. 젊은 세대뿐만 아니라 시니어 세대에게도 스마트폰은 중요한 도구입니다.

그러나 스마트폰의 기능이 계속해서 발전하면서 스마트폰 사용에 어려움을 겪는 시니어들이 점점 늘어나고 있습니다. 이러한 분들께 조금이나마 도움을 드리고자 스마트폰이나 컴퓨터와 관련된 IT 정보를 소개하는 유튜브 '이원철TV'를 운영하고 있으며, 유튜브 채널을 운영하며 쌓은 경험을 바탕으로 시니어들이 쉽게 이해할 수 있도록 스마트폰 사용법을 설명하는 책을 집필하게 되었습니다.

이 책은 시니어가 궁금한 진짜 스마트폰 사용법을 소개하는 스마트폰 활용서입니다. 스마트폰을 사용할 때 참고할 수 있는 유용한 팁부터 카카오톡, 유튜브와 같이 자주 사용하는 앱들의 편리한 기능을 쏙쏙 골라 소개합니다. 더불어 쇼핑 앱으로 생필품을 주문하는 방법, 스마트폰으로 KTX 승차권을 예매하는 방법 등 일상을 편리하게 해 줄 디지털 정보를 자세히 설명합니다.

이 책이 스마트폰 사용에 대한 두려움을 없애고, 더 편리한 디지털 생활을 즐기는 데 도움이 되었으면 합니다. 스마트폰을 능숙하게 활용할 수 있다는 자신감을 얻고, 새로운 세상과 소통하는 즐거움을 누리길 바랍니다.

독자 여러분이 스마트폰 세계에 한 걸음 더 가까이 다가가기를 응원합니다!

이원철

목차

Chapter 01

이원철TV의
스마트폰 꿀팁 베스트 4!

'이원철TV'는 스마트폰이나 컴퓨터와 관련된 IT 정보를 소개하는 필자의 유튜브 채널입니다. 유튜브 채널에서는 실생활에서 많이 사용하는 앱과 스마트폰의 유용한 기능을 시니어의 눈높이에 맞춰 이해하기 쉽게 소개하고 있습니다. 이번 챕터에서는 필자의 유튜브 채널에서 가장 조회수가 높았던 콘텐츠를 바탕으로 스마트폰과 관련된 꿀팁 4가지를 소개합니다.

들어가기

이번 챕터에서 학습할 내용을 간단히 소개합니다.

참고

본 도서는 안드로이드 14 버전 및 One UI 6.1 버전의 삼성 스마트폰을 기준으로 설명하고 있습니다. 스마트폰 기종 및 버전에 따라 용어와 실습 과정이 교재와 다를 수 있습니다.

간추린 만화

본문에서 학습할 핵심 내용을 만화 형태로 빠르게 확인합니다.

step 2 콘서트장에서 사용할 전광판 만들기

01 먼저 콘서트장이나 경기장에 갔을 때 유용하게 사용할 수 있는 스마트폰 전광판을 만들어 보겠습니다. [메시지 만들기] 버튼을 터치합니다.

02 글씨팡팡에서 사진과 동영상에 액세스하도록 허용하겠냐는 창의 [모두 허용]을 터치합니다.

72

163

Intro

스마트폰에 대해
알아보자!

기술이 점차 발전하면서 스마트폰은 단순한 통신 수단의 개념을 넘어섰습니다. 본격적으로 스마트폰을 사용하기 전에 스마트폰의 명칭과 주요 구성 요소 등을 간단히 살펴본 후 스마트 폰의 앱 설치 방법에 대해 알아보겠습니다.

스마트폰의 명칭 살펴보기

주목 💡 스마트폰 전원 끄기와 다시 시작하기

[음량(하)] 버튼과 [잠금] 버튼을 동시에 길게 누르면 [전원 끄기]와 [다시 시작]을 선택할 수 있습니다.

① 상단바 시간, 각종 알림, 배터리의 상태 등을 표시합니다.

② [음량] 버튼 [음량(상)], [음량(하)] 버튼을 눌러 음량을 조절할 수 있습니다.

③ [잠금] 버튼 [잠금] 버튼을 눌러 스마트폰의 잠금 상태를 켜거나 끌 수 있습니다. 기기에 따라 [잠금] 버튼을 길게 누르면 음성 인식 인공지능인 '빅스비'가 실행됩니다.

④ 홈 화면 홈 화면에는 앱과 위젯 등을 배치할 수 있으며, 홈 화면을 빠르게 위로 스크롤하면 앱스 화면 이 나타납니다.

⑤ [최근 실행 앱] 버튼 최근 실행한 앱의 목록이 나타납니다.

⑥ [홈] 버튼 홈 화면으로 돌아가는 버튼입니다. [홈] 버튼을 길게 터치하면 '구글 어시스턴스(음성 인식)' 를 실행할 수 있습니다.

⑦ [뒤로 가기(취소)] 버튼 한 단계 이전으로 돌아가거나 실행을 취소할 때 사용합니다.

스마트폰이란?

스마트폰은 전화, 문자, 인터넷, 카메라, 게임 등 다양한 기능이 탑재되어 있는 휴대용 전자기기입니다. 과거에는 단순히 음성 통화나 메시지 전송 용도로 사용했지만, 기술이 점차 발전하면서 오늘날과 같은 다기능 장치로 자리 잡게 되었습니다. 이러한 이유로 스마트폰을 '손안에 든 작은 컴퓨터'라고 부르기도 합니다.

스마트폰의 역사적 배경

스마트폰은 'PDA(Personal Digital Assistant)'라고 불리는 휴대용 정보 단말기에서 발전했습니다. PDA는 메모장, 일정 관리, 주소록 등의 기능이 있었지만 전화 기능이 탑재되어 있지는 않았습니다.

1994년 미국의 컴퓨터 제조 회사인 'IBM'에서 전화나 이메일 전송 등의 작업이 가능한 'SPC(Simon Personal Communicator)'라는 스마트폰을 발표했습니다. 터치스크린을 사용한 최초의 모바일 장치였기 때문에 큰 주목을 받았으나, 높은 가격으로 인해 대중적으로 호응을 얻는 데에는 한계가 있었습니다.

그 이후로 모바일 운영체제와 하드웨어 등의 기술이 발전하면서 스마트폰의 기능은 점차 다양해졌고, 2007년에 '애플(Apple)'이 아이폰을 출시하면서 스마트폰의 혁신적인 변화가 시작되었습니다. 아이폰은 터치스크린 기반의 인터페이스와 'iOS'라는 운영체제를 통해 다양한 앱을 지원하여 스마트폰 시장을 획기적으로 변화시켰습니다.

따라서 사실상 2007년에 출시된 '애플(Apple)'의 아이폰을 최초의 스마트폰으로 보는 견해가 많습니다. '삼성(Samsumg)'의 '안드로이드(Android)' 운영체제를 기반으로 한 갤럭시폰은 아이폰보다 1년 늦은 2008년도에 출시되었습니다.

스마트폰의 핵심 기능

스마트폰의 가장 중요한 특징은 하나의 장치로 여러 가지 기능을 수행할 수 있다는 것입니다. 스마트폰의 핵심 기능은 다음과 같습니다.

전화 통화 및 문자

스마트폰의 가장 기본 기능은 전화 통화와 문자 전송입니다. 최근에는 데이터 기반의 전화 통화가 더 많이 사용되고 있으며, 다양한 메신저 앱을 통해 음성 메시지, 사진, 동영상 등을 전송할 수 있게 되었습니다.

인터넷 검색

스마트폰은 3G, 4G, 5G 네트워크나 와이파이를 통해 인터넷에 접속할 수 있으며, 인터넷에 접속해 웹사이트를 탐색하거나 다양한 정보를 검색할 수 있습니다.

사진 및 동영상 촬영

스마트폰에는 고화질 카메라가 탑재되어 있어 사진 촬영은 물론 동영상 촬영까지 가능합니다. 많은 사람이 스마트폰으로 일상의 중요한 순간을 쉽게 기록하고 있습니다.

애플리케이션(앱)

애플리케이션(앱)은 사용자의 편의를 위해 개발된 응용 프로그램입니다. 스마트폰에 설치되어 금융 거래, 음악 스트리밍, 게임, 사진 편집 등 다양한 서비스를 제공합니다.

위치 기반 서비스

스마트폰은 위치 기반 서비스인 'GPS(Global Positioning System)'가 탑재되어 있어 지도 앱으로 길을 찾거나 배달 앱으로 음식을 주문하는 등의 작업이 가능합니다.

멀티태스킹

스마트폰은 '멀티태스킹(Multitasking)' 즉, 동시에 여러 개의 작업을 수행할 수 있습니다. 예를 들어 전화 통화를 하면서 인터넷 검색을 하거나, 음악을 들으면서 메시지를 주고받을 수 있습니다.

스마트폰의 주요 구성 요소

스마트폰은 여러 개의 하드웨어와 소프트웨어로 작동하는 복합적인 기기입니다. 주요 구성 요소는 다음과 같습니다.

프로세서(CPU)

'프로세서(CPU)'는 스마트폰의 두뇌 역할을 하는 중앙처리장치입니다. 프로세서의 성능에 따라 스마트폰의 반응 속도가 달라집니다.

메모리(RAM)

'메모리(RAM)'는 스마트폰의 주기억장치입니다. 메모리의 용량이 클수록 여러 개의 앱을 동시에 빠른 속도로 실행할 수 있습니다.

저장 공간

스마트폰의 저장 공간은 앱, 사진, 동영상 등을 저장하는 데 사용됩니다. 저장 공간의 용량이 클수록 더 많은 데이터를 저장할 수 있습니다.

디스플레이

디스플레이는 쉽게 말해 스마트폰의 화면입니다. 디스플레이에 따라 스마트폰의 해상도와 화면의 색감이 결정됩니다.

배터리

배터리는 스마트폰의 핵심 부품입니다. 최신 스마트폰은 '3000mAh' 이상의 배터리를 탑재하고 있으며, 더 긴 시간 사용할 수 있도록 효율적인 전력 관리 시스템을 갖추고 있습니다.

운영체제

갤럭시 스마트폰은 '안드로이드(Android)'라고 불리는 운영체제를 기반으로 작동합니다. 운영체제는 하드웨어와 소프트웨어를 연결하며, 앱을 실행하는 데 필수적인 시스템입니다.

스마트폰 앱 설치 방법

01 스마트폰 홈 화면에서 [Play 스토어] 앱을 터치하여 실행합니다.

02 하단의 [검색] 탭을 터치하고 상단의 검색창을 터치합니다. '네이버'를 입력하고 키보드의 🔍 을 터치합니다.

03 '네이버 – NAVER'의 [설치] 버튼을 터치합니다.

04 이어서 [열기] 버튼을 터치하면 앱을 실행할 수 있습니다.

주목 💡 실습 예제에서 사용하는 앱 안내

다음 방법을 이용해 [카카오톡(TALK)], [NAVER(N)], [글씨팡팡(○)], [YouTube(▶)], [ChatGPT(◉)], [네이버 사전(📖)], [쿠팡(●)], [코레일톡(🚄)] 앱을 미리 설치하면 더 빠르게 학습할 수 있습니다.

Chapter 01

이원철TV의
스마트폰 꿀팁 베스트 4!

'이원철TV'는 스마트폰이나 컴퓨터와 관련된 IT 정보를 소개하는 필자의 유튜브 채널입니다. 유튜브 채널에서는 실생활에서 많이 사용하는 앱과 스마트폰의 유용한 기능을 시니어의 눈높이에 맞춰 이해하기 쉽게 소개하고 있습니다. 이번 챕터에서는 필자의 유튜브 채널에서 가장 조회수가 높았던 콘텐츠를 바탕으로 스마트폰과 관련된 꿀팁 4가지를 소개합니다.

01 스마트폰 홈 화면의 상단바를 위에서 아래로 빠르게 드래그합니다. 오른쪽 상단의 ⚙
을 터치합니다.

02 '설정' 화면을 위로 스크롤한 후 [디바이스 케어]를 터
치합니다.

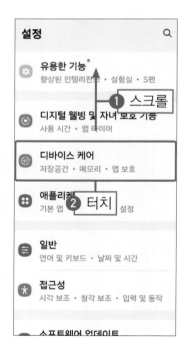

03 '디바이스 케어' 화면을 위로 스크롤한 후 [자동 최적화]를 터치합니다.

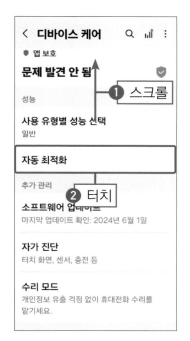

'자동 최적화'는 메모리 정리, 사용하지 않는 앱 초기화 등을 통해 스마트폰의 성능과 배터리의 수명을 최상의 상태로 유지하는 기능입니다.

04 이어서 [자동으로 다시 시작]을 터치합니다.

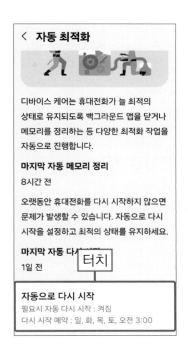

05 [필요시 자동 다시 시작]을 터치하여 활성화합니다.
[다시 시작 예약]을 터치하여 활성화한 후 스마트폰
을 다시 시작할 요일을 선택합니다.

주목 💡 '필요시 자동 다시 시작' 이란?

'필요시 자동 다시 시작'을 활성화하면 최적화 작업을 위해
스마트폰이 자동으로 다시 시작됩니다.

06 하단의 [시간]을 터치합니다. '시간 설정' 창에서 시간을 설정한 후 [완료]를 터치하면
설정한 시간에 스마트폰이 다시 시작되어 최적의 상태를 유지합니다.

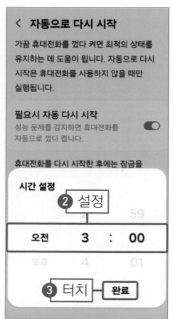

주목 💡 시간 설정 꿀팁

시간은 스마트폰을 사용하지 않는 심야 시간대로 설정하는 것이 좋습니다.

step 2 엣지 '고정' 기능으로 편리하게 계좌 이체하기

01 다시 스마트폰 홈 화면으로 돌아와 상단바를 위에서 아래로 빠르게 드래그합니다.

주목 💡 엣지(Edge)란?

엣지(Edge)는 '모서리'란 뜻으로 갤럭시 스마트폰 화면 모서리에 숨겨진 기능입니다. 엣지(Edge)의 '고정' 기능을 활용하면 계좌 이체 등의 작업을 편리하게 할 수 있습니다.

02 오른쪽 상단의 ⚙을 터치합니다. '설정' 화면을 위로 스크롤한 후 [디스플레이]를 터치합니다.

03 '디스플레이' 화면을 위로 스크롤한 후 [Edge 패널]을 터치하여 활성화합니다. 엣지 (Edge) 패널의 핸들을 설정하기 위해 [Edge 패널]을 터치합니다.

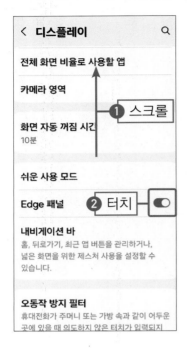 

04 'Edge 패널' 화면에서 [핸들]을 터치합니다. 핸들의 색상, 투명도, 크기 등을 자유롭게 설정한 후 하단의 [홈] 버튼을 터치합니다.

 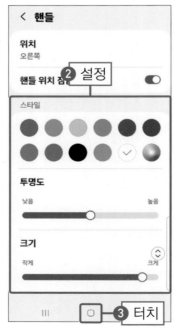

05 홈 화면 오른쪽 모서리에 나타난 엣지(Edge) 패널의
    핸들을 길게 터치하여 왼쪽으로 드래그합니다.

06 하단의 ⚙을 빠르게 터치합니다.

07 '스마트 셀렉트'에 체크한 후 하단의 [홈] 버튼을 터치합니다.

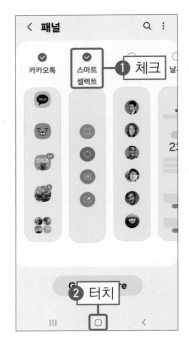

> **주목** 💡 '스마트 셀렉트'란?
>
> '스마트 셀렉트'란 엣지(Edge) 패널의 기능 중 하나로 스마트폰 화면의 일부분을 사각형 또는 타원형으로 캡처하거나, 고정할 수 있는 기능입니다.

08 '고정' 기능을 사용해 보기 위해 스마트폰 홈 화면에서 [카카오톡] 앱을 터치하여 실행합니다.

09 카카오톡 채팅방에 들어간 후 엣지(Edge) 패널의 핸들을 길게 터치하여 왼쪽으로 드래그합니다. 이어서 [고정/삽입(●)]을 터치합니다.

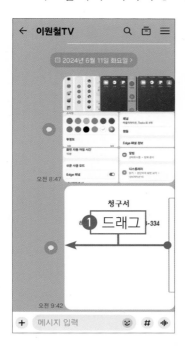

10 고정할 내용이 있는 부분을 드래그하여 선택한 후 [고정/삽입] 버튼을 터치하고 하단의 [홈] 버튼을 터치합니다.

11 스마트폰 홈 화면 상단에 고정된 캡처 이미지를 보면서 계좌 이체 등의 작업을 할 수 있습니다.

12 고정된 캡처 이미지를 닫고 싶다면 고정된 이미지를 터치한 후 [×]를 터치합니다.

주목 💡 **이렇게 하면?**

'고정' 기능을 사용하면 다른 앱을 실행하거나 화면을 이동해도 고정해 둔 캡처 이미지가 변함없이 보입니다. 문자를 작성하거나 계좌 이체 등의 작업을 할 때 편리하게 이용할 수 있습니다.

갤럭시 S22 시리즈 이상, 갤럭시 Z 폴드/플립 4 시리즈 이상의 기기는 아래 안내를 참고합니다.

01 엣지(Edge) 패널의 핸들을 왼쪽으로 드래그합니다. [스마트 셀렉트(⊡)]를 터치합니다.

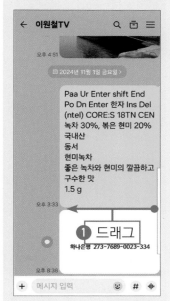
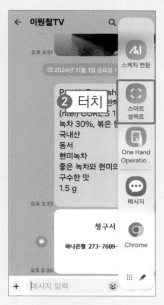

02 화면에서 고정할 부분을 드래그한 후 📌을 터치합니다. 스마트폰 홈 화면 상단에 고정된 캡처 이미지를 보면서 계좌 이체 등의 작업을 할 수 있습니다. 캡처 이미지를 터치하고 [×]를 터치합니다.

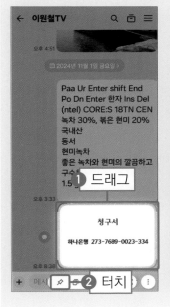

스마트폰 분실 걱정 NO! 전화번호 백업해 놓기

▶ 스마트폰에 있는 전화번호를 네이버 주소록(클라우드)에 업로드하기

01 스마트폰 홈 화면에서 [NAVER] 앱을 터치하여 실행
   합니다.

주목 💡 **전화번호 백업 방법**

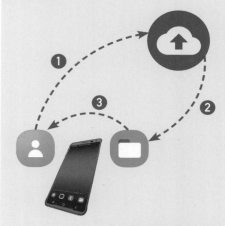

▲ 그림으로 이해하는 전화번호 백업 방법

스마트폰에 저장해 놓은 지인의 전화번호를 실수로 삭제
하거나 스마트폰을 분실했을 경우에 유용한 전화번호 백
업 방법을 알아보겠습니다. 먼저 ❶ 연락처(👤) 앱에 있는
전화번호를 네이버 주소록(클라우드)에 업로드하여 백업
해 둡니다. ❷ 네이버 주소록(클라우드)에 있는 전화번호
를 내 파일(📁) 앱에 다운로드합니다. ❸ 내 파일(📁) 앱
에 저장된 전화번호를 연락처(👤) 앱으로 불러오면 전화
번호를 복구할 수 있습니다.

02 왼쪽 상단의 ≡을 터치합니다. 화면을 위로 스크롤한 후 [내도구] - [주소록]을 터치
합니다.

03 오른쪽 상단의 ≡을 터치합니다. [폰 연락처 업로드]를 터치합니다.

04 '폰 연락처 업로드하기'의 ⓒ을 터치합니다.

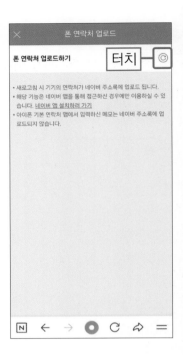

05 NAVER에서 내 연락처에 액세스하도록 허용하겠냐는 창의 [허용]을 터치합니다. 연
락처(●) 앱에 저장되어 있는 전화번호가 네이버 주소록(네이버 클라우드)에 업로드
됩니다.

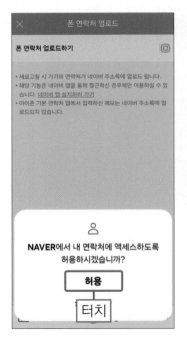

▶ 네이버 주소록(클라우드)에 있는 전화번호를 내 파일 앱에 다운로드하기

01 오른쪽 상단의 ▤을 터치합니다. [폰 연락처 다운로드]를 터치합니다.

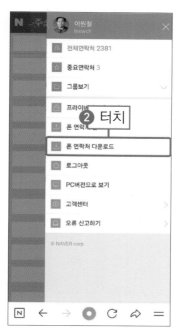

02 '폰으로 연락처 다운로드하기'의 ⤓을 터치합니다. 파일을 다운로드할 것이냐는 창의 [확인] 버튼을 터치하면 내 파일(●) 앱 - [Download] 폴더에 파일이 저장됩니다.

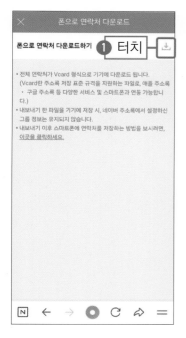
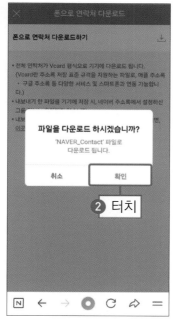

▶ 내 파일 앱에 저장된 전화번호를 연락처 앱으로 불러오기

01 스마트폰 홈 화면으로 돌아와 [전화] 앱을 터치해 실행합니다. 오른쪽 하단의 [연락처] 탭을 터치합니다.

02 오른쪽 상단의 ⋮을 터치합니다. [연락처 관리]를 터치합니다.

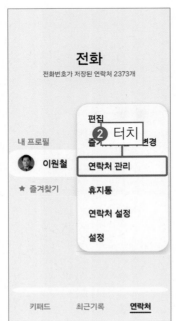

03 [연락처 가져오기]를 터치합니다. 연락처에서 알림을 보내도록 허용하겠냐는 창의 [허용]을 터치합니다.

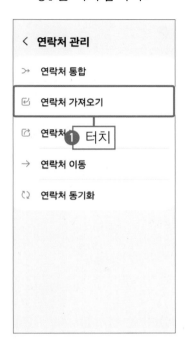

04 [휴대전화나 클라우드 저장공간]을 터치합니다. [Download] 폴더를 터치합니다.

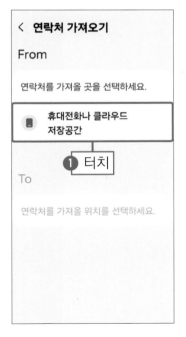

05 [전화번호 파일.vcf]를 터치한 후 하단의 [완료]를 터치합니다.

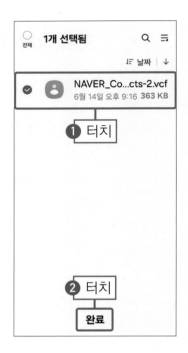

06 연락처를 가져올 위치를 [휴대전화]로 선택한 후 [가져오기] 버튼을 터치합니다. 이어서 [확인] 버튼을 터치하면 연락처(👤) 앱에 저장됩니다. 이제 스마트폰을 분실하더라도 네이버 주소록(클라우드)에서 연락처를 다운로드할 수 있습니다.

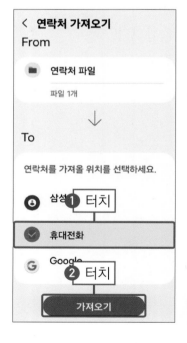

▶ 비밀번호로 와이파이 연결하기

01 스마트폰 홈 화면의 상단바를 위에서 아래로 빠르게 드래그합니다.

주목 💡 **와이파이 쉽게 연결하는 방법 3가지**

와이파이를 쉽게 연결하는 방법에는 총 3가지가 있습니다. 첫 번째는 비밀번호로 연결하는 방법, 두 번째는 QR 코드를 스캔해서 연결하는 방법, 세 번째는 QR 코드를 공유해서 연결하는 방법입니다.

---

02 오른쪽 상단의 ⚙을 터치합니다. '설정' 화면에서 [연결]을 터치합니다.

03 [Wi-Fi]를 터치하여 활성화하고 [Wi-Fi]를 터치합니다. 네트워크 목록에서 사용할 와이파이를 터치합니다.

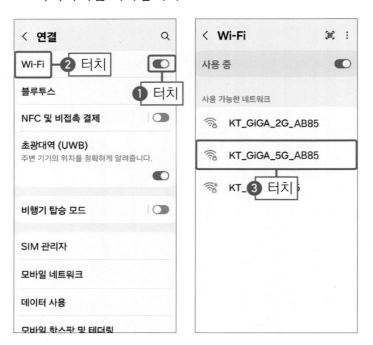

04 와이파이의 비밀번호를 입력합니다. [자동으로 다시 연결]을 터치하여 활성화하면 다음부터 와이파이에 자동으로 연결됩니다. [연결] 버튼을 터치합니다.

주목 💡 알아두기

비밀번호는 보안상 별표(*)로 표시되지만 눈 모양의 아이콘을 터치하면 비밀번호를 확인할 수 있습니다.

05 와이파이 목록에 '연결됨'이라는 표시로 와이파이의 연결 상태를 확인할 수 있습니다. 하단의 [홈] 버튼을 터치합니다.

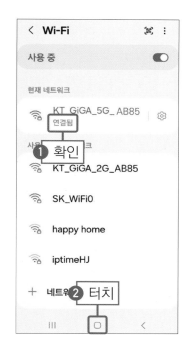

▶ QR 코드를 스캔하여 와이파이 연결하기

01 이번에는 연결된 와이파이의 QR 코드를 확인하는 방법을 알아보겠습니다. 스마트폰 홈 화면의 상단바를 위에서 아래로 빠르게 드래그합니다.

02 오른쪽 상단의 ⚙을 터치합니다. '설정' 화면에서 [연결]을 터치합니다.

03 [Wi-Fi]를 터치합니다. 연결된 와이파이의 ⚙을 터치합니다.

04 하단의 [QR 코드]를 터치합니다.

주목 💡 **QR 코드란?**

QR(Quick Response) 코드는 '빠른 응답'이라는 뜻으로 일
본의 '덴소웨이브'라는 회사에서 개발하였습니다. 약 7,000
자의 다양한 정보를 담을 수 있으며 사진, 동영상, 지도 등의
정보를 편리하게 기록할 수 있습니다.

05 연결된 와이파이의 QR 코드가 나타납니다. 하단의
[홈] 버튼을 터치합니다.

06 이제 **05**에서 확인한 QR 코드를 스캔하여 와이파이에 연결하는 방법을 알아보겠습니다. 상단바를 위에서 아래로 빠르게 드래그합니다.

07 오른쪽 상단의 ⚙️을 터치합니다.

08 '설정' 화면에서 [연결]을 터치합니다. 이어서 [Wi-Fi]를 터치합니다.

09 오른쪽 상단의 🔀을 터치합니다. **05**에서 확인한 와이파이의 QR 코드를 스캔하면 비밀 번호를 입력하지 않아도 와이파이에 연결할 수 있습니다.

▶ 와이파이의 QR 코드 이미지를 공유해서 연결하기

01 이번에는 QR 코드 이미지를 공유해서 와이파이에 연결하는 방법을 알아보겠습니다. 상단바를 위에서 아래로 빠르게 드래그합니다. 오른쪽 상단의 ⚙을 터치합니다.

02 '설정' 화면에서 [연결]을 터치합니다. [Wi-Fi]를 터치합니다.

03 연결된 와이파이의 ⚙을 터치합니다. 하단의 [QR 코드]를 터치합니다.

04 이어서 [공유]를 터치합니다. [카카오톡(💬)]을 터치해 지인에게 QR 코드 이미지를 공유합니다. 이때 공유 받은 QR 코드 이미지는 갤러리 앱(❀)에 저장해 두어야 합니다.

05 04에서 저장한 QR 코드 이미지로 와이파이에 연결하는 방법을 알아보겠습니다. 스마트폰 홈 화면의 상단바를 위에서 아래로 빠르게 드래그합니다. 오른쪽 상단의 ⚙을 터치합니다.

06 '설정' 화면에서 [연결]을 터치합니다. [Wi-Fi]를 터치합니다.

07 오른쪽 상단의 ▦을 터치합니다. QR 코드 스캔 화면에서 ▣을 터치합니다.

08 저장해 놓은 QR 코드 이미지를 터치합니다. 하단의 [완료]를 터치하면 자동으로 와이파이를 연결할 수 있습니다.

Chapter 02

갤러리 앱에서
사진을 편집해 보자!

이번 챕터에서는 갤러리 앱을 활용한 여러 가지 사진 편집 방법에 대해 알아보겠습니다. 별도의 앱을 설치하지 않아도 사진에 텍스트 입력하기, 프로필용 원 사진 만들기, 사진 합성하기, 불필요한 부분 지우기 등의 작업을 손쉽게 할 수 있습니다.

step 1 간단한 방법으로 사진에 텍스트 입력하기

01 사진에 텍스트를 입력하기 위해 스마트폰 홈 화면에서
[갤러리] 앱을 터치하여 실행합니다.

02 텍스트를 넣을 사진을 선택합니다. 하단의 ✎을 터치합니다.

48

03 하단의 을 터치합니다. 이어서 [텍스트]를 터치합니다.

04 키보드와 텍스트 모양을 설정할 수 있는 메뉴가 나타 납니다.

주목 💡 **텍스트 설정 메뉴 살펴보기!**

❶ **정렬**: 왼쪽(▤), 가운데(▤), 오른쪽(▤)
❷ **글꼴**: 선택한 글꼴이 표시됩니다.
❸ **색상**: 선택한 색상이 표시됩니다.
❹ **배경**: 설정 안 함(Ⓣ), 불투명(Ⓣ), 반투명(Ⓣ), 텍스트 그림자(Ⓣ)

05 키보드를 터치해 텍스트를 입력하고 키보드 상단의 메뉴에서 텍스트의 글꼴, 색상, 배경 등을 자유롭게 설정해 봅니다. 왼쪽의 텍스트 크기 조절바를 드래그해 텍스트의 크기도 조절합니다.

06 텍스트 입력을 마쳤다면 오른쪽 상단의 [완료]를 터치합니다.

07 오른쪽 상단의 ⁝을 터치합니다. 이어서 [다른 파일로 저장]을 터치합니다.

주목 💡 **다른 파일로 저장**

사진을 편집한 후 [저장]을 터치하지 않고 [다른 파일로 저장]을 선택하는 이유는 원본 사진을 남겨 놓기 위함입니다. 만약 [저장]을 터치하면 편집한 사진이 원본 사진 위에 덮여서 저장됩니다.

08 갤러리에 사진이 저장되었습니다. 이렇게 하면 별도의 앱을 설치하지 않아도 갤러리 앱을 통해 사진에 텍스트를 입력할 수 있습니다.

01 SNS를 하다 보면 프로필용 원 사진이 필요할 때가 있
　습니다. 이번에는 프로필용 원 사진을 만들기 위해 프
　로필용으로 사용할 사진을 터치합니다.

02 하단의 🖉을 터치합니다.

03 하단의 ▦을 터치합니다. [영역 자르기(⊙)]를 터치합니다.

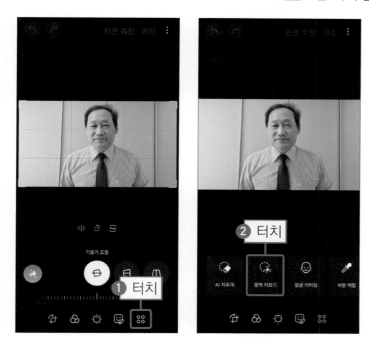

04 [도형 모양] - [원 모양]을 터치합니다. 모서리 부분을 드래그하여 잘라낼 영역을 설정한 후 [다음]을 터치합니다. 하단의 메뉴에서 사진 테두리의 두께나 색상을 설정할 수 있습니다. 예제에서는 테두리를 설정하지 않고 하단의 [완료]를 터치합니다.

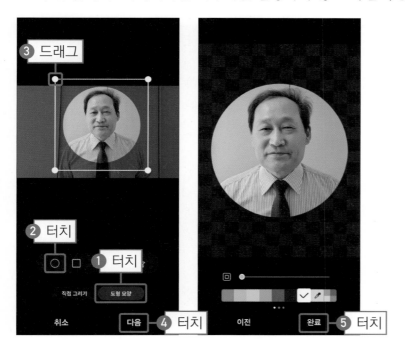

05 오른쪽 상단의 █을 터치합니다. [다른 파일로 저장]을 터치합니다.

06 이미지의 해상도를 높일 것이냐는 창의 [현재 해상도 유지]를 터치하여 저장합니다. 이렇게 하면 갤러리 앱을 통해 프로필용 원 사진을 간단히 만들 수 있습니다.

주목 💡 해상도 개선

이미지의 해상도를 높일 것이냐는 창의 [해상도 개선]을 터치하면 사진이 선명하게 저장되는 대신에 더 많은 저장공간을 차지하게 됩니다.

사진 감쪽같이 합성하기

▶ 사진 잘라내기

01 두 장의 사진을 감쪽같이 합성해 보겠습니다. 먼저 다른 사진 위에 합성할 사진을 선택합니다. 예제에서는 인물 사진을 선택하였습니다.

02 이어서 하단의 🖉을 터치합니다.

03 하단의 ▦을 터치합니다. 그리고 [영역 자르기(⊙)]를 터치합니다.

04 왼쪽의 [영역자동맞춤(⬛)]을 터치합니다.

주목 💡 영역자르기 메뉴

· **영역자동맞춤(⬛)** 사진에서 잘라낼 부분의 외곽선을 따라 드래그하면 AI가 대상을 인식하여 자동으로 영역을 선택합니다.

· **영역직접그리기(⬛)** 잘라낼 부분의 영역을 직접 드래그하여 선택합니다.

· **선택 해제(⬛)** 선택된 영역을 드래그하여 해제합니다.

05 사진에서 잘라낼 부분의 외곽선을 드래그하여 선택합
  니다. 손을 떼면 영역이 자동으로 선택됩니다. 하단의
  [다음]을 터치합니다.

06 하단의 메뉴에서 잘라낸 사진의 테두리 색상과 두께
  를 조절할 수 있습니다. 예제에서는 아무것도 선택하
  지 않고 하단의 [완료]를 터치합니다.

07 오른쪽 상단의 ⋮을 터치합니다. [다른 파일로 저장]을 터치합니다.

08 이미지의 해상도를 높일 것이냐는 창의 [현재 해상도 유지]를 터치합니다. 잘라낸 사진이 갤러리에 저장되었습니다.

▶ 사진 합성하기

01 배경으로 사용할 사진을 선택합니다. 하단의 ✏️을 터치합니다.

02 하단의 😊을 터치합니다. 이어서 [스티커]를 터치합니다.

03 하단의 ❀을 터치합니다. 그리고 [+]을 터치합니다.

04 이전에 잘라낸 투명한 배경의 사진을 선택합니다. 하단의 [다음]을 터치합니다.

60

05 [원본]이 선택된 상태에서 '스티커 스타일 선택' 창 오
른쪽 상단의 [완료]를 터치합니다.

06 잘라낸 사진의 모서리를 터치한 채 드래그하여 크기를
조절합니다.

07 합성한 사진을 저장하기 위해 오른쪽 상단의 ⋮을 터치합니다. [다른 파일로 저장]을 터치합니다.

08 합성한 사진이 갤러리에 저장되었습니다. 이렇게 하면 별도의 앱을 설치하지 않더라도 갤러리 앱에서 간단히 사진을 합성할 수 있습니다.

01 마지막으로 AI 지우개로 사진에서 불필요한 부분을 감쪽같이 지워 보겠습니다. 먼저 불필요한 부분을 지울 사진을 선택합니다.

02 하단의 ✎을 터치합니다.

63

03 하단의 ⠿을 터치합니다. 이어서 [AI 지우개(◉)]를 터치합니다.

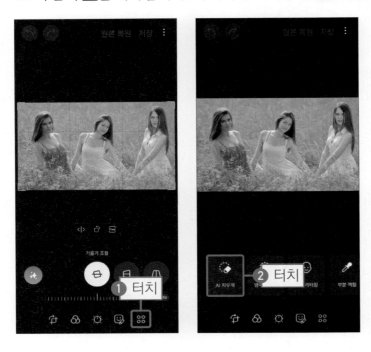

04 사진에서 지우고 싶은 부분을 손가락으로 드래그하여 선택합니다. 영역을 선택한 후 손가락을 뗍니다. 하단의 [지우기]를 터치해 선택한 부분을 깨끗이 지운 후 [완료]를 터치합니다.

05 오른쪽 상단의 ▮을 터치합니다. [다른 파일로 저장]을 터치해 사진을 저장합니다.

06 AI 지우개로 사진에 찍힌 그림자나 강한 빛 반사도 지울 수 있습니다. 이번에는 그림자나 빛 반사를 지울 사진을 선택합니다. 하단의 ⬚을 터치합니다.

07 하단의 ⚏을 터치합니다. 이어서 [AI 지우개(◈)]를 터치합니다.

08 [그림자 지우기]나 [빛 반사 지우기]를 터치합니다. [그림자 지우기]는 사진의 그림자를 지워 주고, [빛 반사 지우기]는 강한 빛 반사를 지워 줍니다. 하단의 [완료]를 터치합니다.

09 오른쪽 상단의 ▪️을 터치합니다. [다른 파일로 저장]을 터치합니다.

10 AI 지우개로 불필요한 부분이나 그림자 또는 빛 반사를 감쪽같이 지울 수 있습니다.

Chapter 03

사진과 동영상에
텍스트를 넣어 보자!

글씨팡팡 앱은 사진이나 동영상에 텍스트를 넣고 싶을 때 사용하는 편집 앱입니다. 다양한 스타일의 텍스트로 나만의 개성 넘치는 작업물을 만들 수 있습니다. 이번 챕터에서는 글씨팡팡 앱을 활용해 사진이나 동영상에 텍스트를 넣는 방법을 알아보겠습니다.

01 글씨팡팡 앱을 다운로드하기 위해 먼저 스마트폰 홈 화면에서 [Play 스토어] 앱을 터치합니다.

주목 💡 **글씨팡팡 앱이란?**

글씨팡팡 앱은 텍스트를 활용한 이미지 작업에 특화된 앱입니다.

02 하단의 [검색] 탭을 선택하고 검색창을 터치합니다. '글씨팡팡'을 입력하고 🔍 을 터치합니다.

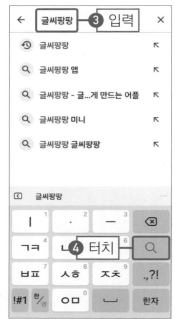

03 상단의 [글씨팡팡 – 사진에 글씨, 썸네일 만들기]를 터치합니다.

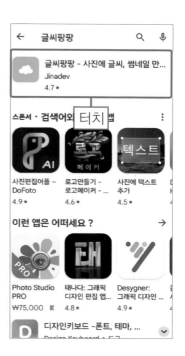

04 [설치] 버튼을 터치합니다. 이어서 [열기] 버튼을 터치합니다. 홈 화면이나 앱스 화면에서 [글씨팡팡(◯)] 앱을 터치하면 앱을 실행할 수 있습니다.

01 먼저 콘서트장이나 경기장에 갔을 때 유용하게 사용할 수 있는 스마트폰 전광판을 만들어 보겠습니다. [메시지 만들기] 버튼을 터치합니다.

02 글씨팡팡에서 사진과 동영상에 액세스하도록 허용하겠냐는 창의 [모두 허용]을 터치합니다.

72

03 [새 작업(시작하려면 클릭하세요)]을 터치합니다. 이
때 [<제목 없음>]을 터치하여 제목을 입력해도 좋습
니다.

04 오른쪽 상단의 을 터치한 후 [여기에 글씨를 입력하세요.]를 터치합니다. 전광판으
로 만들고 싶은 텍스트를 입력한 후 하단의 을 터치해 키보드를 닫아 줍니다. 예제
에서는 필자의 이름을 입력했습니다.

05 글씨체를 바꾸고 싶다면 [글씨체] 탭을 터치합니다. [글씨체] 탭의 목록을 왼쪽으로 드래그하여 원하는 글씨체를 선택합니다. 예제에서는 [검은고딕]을 선택했습니다.

06 메뉴 목록을 왼쪽으로 드래그한 후 [배경] 탭을 터치합니다. [배경] 탭의 목록을 왼쪽으로 드래그하고 원하는 색상을 선택하면 배경색이 변경됩니다.

07 이번에는 디자인이 완성되어 있는 템플릿을 사용해 보겠습니다. 메뉴 목록을 오른쪽으로 드래그해 [원터치] 탭을 터치합니다. [원터치] 탭의 목록을 왼쪽으로 드래그해 마음에 드는 템플릿을 선택합니다.

08 템플릿의 글씨체를 바꾸고 싶다면 [글씨체] 탭을 터치하고 [글씨체] 탭의 목록을 왼쪽으로 드래그합니다. 원하는 글씨체를 선택합니다.

09 이번에는 애니메이션 효과를 추가해 보겠습니다. 메뉴 목록을 왼쪽으로 드래그해 [애니] 탭을 터치합니다. [깜박깜박]을 선택하면 전광판처럼 깜빡거리는 글자를 만들 수 있습니다.

10 완성한 전광판을 저장하기 위해 왼쪽 끝의 [저장] 탭을 터치합니다. 하단의 🖳을 터치하면 갤러리(✿) 앱에 저장됩니다.

76

01 이번에는 텍스트에 효과를 적용해 사진을 예쁘게 꾸며
   보겠습니다. 글씨팡팡 앱의 홈 화면에서 [썸네일 만들
   기/사진에 글쓰기] 버튼을 터치합니다.

02 [새 작업(시작하려면 클릭하세요)]을 터치합니다. 사진을 선택하기 위해 [갤러리에서
   불러오기] 버튼을 터치합니다.

03 '작업을 수행할 때 사용하는 애플리케이션' 창에서 [갤러리(✿)]를 선택하고 [항상]을 터치합니다. 갤러리에서 사진을 선택합니다.

04 오른쪽 상단의 🖉을 터치합니다. [여기에 글씨를 입력하세요.]를 터치합니다.

05 사진과 어울리는 문장을 입력한 후 하단의 ⌄을 터치해 키보드를 닫아 줍니다.

주목 ❗ **단 나누기**

키보드에서 ↵ 을 터치하면 문장의 단을 나눌 수 있습니다.

06 글상자를 선택하기 위해 사진의 빈 곳을 한 번 터치한 후 글상자를 터치합니다.

07 메뉴 목록에서 [글씨체] 탭을 터치합니다. [글씨체] 탭의 목록을 왼쪽으로 드래그해 [오뮤 다예쁨체]를 선택해 봅니다.

08 글상자 오른쪽 하단 모서리의 [크기(⬛)]를 드래그하 면 글상자의 크기를 조절할 수 있습니다.

주목 💡 **글상자 아이콘 알아보기**

· **제거**(✖) 터치하면 글상자가 삭제됩니다.

· **회전**(◎) 드래그하면 글상자를 회전할 수 있습니다.

· **글쓰기**(✎) 터치하여 문장을 수정할 수 있습니다.

· **크기**(⬛) 드래그하여 글상자의 크기를 조절할 수 있습니다.

· **너비**(↔) 터치하면 글상자가 사진의 너비에 맞게 자동으 로 조절됩니다.

· **길이**(↕) 터치하면 글상자가 사진의 길이에 맞게 자동으 로 조절됩니다.

09 텍스트에 배경, 색상, 애니메이션 등 다양한 효과를 적용해 봅니다. 먼저 메뉴 목록을 왼쪽으로 드래그해 [배경] 탭을 터치합니다. [배경] 탭의 목록을 왼쪽으로 드래그해 색상을 선택합니다.

10 이어서 메뉴를 오른쪽으로 드래그해 [글씨색] 탭을 터치하고 색상을 선택합니다. 다시 메뉴를 왼쪽으로 드래그해 [효과] 탭을 터치한 후 원하는 효과를 선택해 봅니다.

11 [ABCD] 탭을 터치한 후 사선 모양의 템플릿을 터치하면 텍스트의 방향이 변형됩니다. 텍스트에 효과를 적용해 사진을 예쁘게 꾸며 보았습니다.

12 완성된 사진을 저장하기 위해 왼쪽 끝의 [저장] 탭을 터치합니다. 하단의 🖫을 터치하면 사진이 갤러리(✳) 앱에 저장됩니다.

이제 나도 유튜버! 동영상에 자막 넣기

01 유튜브에서 보는 영상과 같이 동영상에 자막을 넣어 보겠습니다. 글씨팡팡 앱의 홈 화면에서 [영상에 글쓰기] 버튼을 터치합니다.

02 [새 작업(시작하려면 클릭하세요)]을 터치합니다. 이어서 [갤러리에서 불러오기] 버튼을 터치합니다.

03 '작업을 수행할 때 사용하는 애플리케이션' 창에서 [갤러리(✿)]를 선택하고 [항상]을 터치합니다. 갤러리에서 자막을 넣을 동영상을 선택합니다.

04 오른쪽 상단의 ✐을 터치합니다. [여기에 글씨를 입력하세요.]를 터치합니다.

 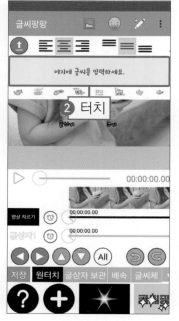

05 영상과 어울리는 자막을 입력한 후 하단의 ⌄을 터치해 키보드를 닫아 줍니다.

06 글상자 오른쪽 하단 모서리의 [크기(⬚)]를 드래그하면 글상자의 크기를 조절할 수 있습니다.

07 자막 타임라인의 ⊙을 터치합니다. 자막의 시작과 끝 시간을 설정한 후 [완료] 버튼을
터치합니다.

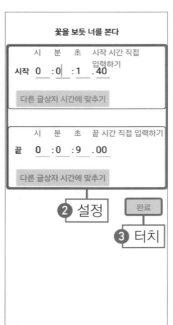

08 타임라인에서 자막이 시작하는 지점과 끝나는 지점을 확인할 수 있습니다.

09 자막의 글씨체를 바꾸고 싶다면 [글씨체] 탭을 터치한
후 글씨체를 선택합니다. 메뉴 목록에서 다른 효과를
적용해도 좋습니다.

10 완성한 동영상을 저장하기 위해 왼쪽 끝의 [저장] 탭을 터치합니다. 하단의 ⬇을 터치
하면 동영상이 갤러리(✽) 앱에 저장됩니다.

Chapter 04

나만 몰랐던 카카오톡의
기능을 파헤쳐 보자!

카카오톡에는 빠른 공감 아이콘 표시하기, 여러 사람에게 한 번에 동일한 메시지 보내기, 받기 싫은 광고 메시지 차단하기 등 알아두면 편리한 기능들이 많이 있습니다. 이번 챕터에서는 실생활에 꼭 필요한 카카오톡의 몇 가지 기능을 알려드리겠습니다.

▶ 빠른 공감 아이콘 사용하기

01 스마트폰 홈 화면에서 [카카오톡] 앱을 터치하여 실행
합니다.

02 하단의 [채팅] 탭을 터치하고 가족이나 지인과 대화를
나눈 채팅방을 선택합니다.

90

03 공감 아이콘을 표시할 메시지의 말풍선을 길게 터치해 주세요.

04 화면에 나타난 창의 공감 아이콘 중 ♥을 선택합니다.

주목 💡 '빠른 공감' 이란?

'빠른 공감'이란 메시지에 공감 아이콘을 표시하는 기능입니다. 메시지를 길게 터치하면 ♥, 👍, ✅ 등의 공감 아이콘을 표시할 수 있습니다. 메시지를 빠르게 두 번 터치하면 기본적으로 ♥ 아이콘이 표시됩니다.

05 말풍선 아래에 ♥ 아이콘이 표시됩니다. 만약 공감 아이콘을 삭제하고 싶다면 메시지를 길게 터치한 후 다시 ♥을 터치합니다.

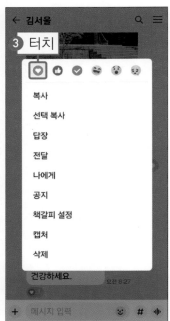

06 말풍선을 빠르게 두 번 터치하면 ♥ 아이콘이 표시됩니다. 왼쪽 상단의 ← 을 터치하여 채팅방을 나갑니다.

▶ 전송할 사진이나 동영상에 설명 추가하기

01 이번에는 사진이나 동영상에 설명을 추가해 보겠습니다. 사진이나 동영상을 전송할 채팅방을 선택합니다.

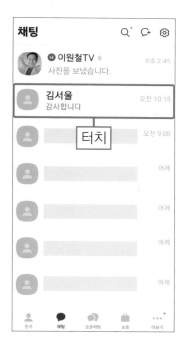

02 왼쪽 하단의 + 을 터치합니다.

03 [앨범(🖼)]을 터치하고 왼쪽 하단의 [전체(☷)]를 터치합니다. 전송할 동영상의 왼쪽 하단 부분에 있는 [◣]을 터치합니다.

04 설명 입력란을 터치합니다. 동영상을 설명하는 텍스트를 입력한 후 [등록] 버튼을 터치하고 오른쪽 상단의 [전송]을 터치합니다.

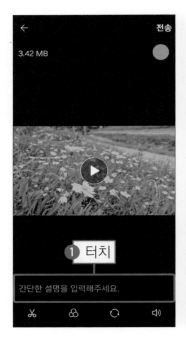 

05 전송된 동영상을 터치합니다. 동영상의 섬네일을 터치하면 설명 텍스트를 확인할 수 있습니다. 동영상을 확인한 후 채팅방을 나가 줍니다.

▶ 동영상을 말풍선 상태에서 재생하기

01 이어서 채팅방에서 주고받은 동영상이 말풍선 상태에서 재생되도록 설정해 보겠습니다. 오른쪽 상단의 ⚙을 터치합니다. [전체 설정]을 선택합니다.

02 [채팅]을 터치합니다. '채팅' 화면을 위로 스크롤하고 [동영상 말풍선 자동재생]을 터치하여 활성화합니다. 이렇게 하면 채팅방에서 주고받은 동영상을 다운로드하지 않아도 말풍선 상태에서 재생할 수 있습니다.

03 왼쪽 상단의 ← 을 두 번 터치합니다.

▶ 단톡방 조용히 나오기

01 이번에는 단톡방을 조용히 나오는 방법을 알아보기 위해 3인 이상 있는 채팅방을 선택합니다.

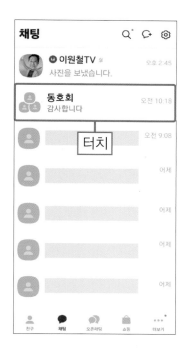

02 오른쪽 상단의 ☰을 터치합니다.

03 왼쪽 하단의 ⬜을 터치합니다.

04 채팅방을 나갈 것이냐고 묻는 창의 '조용히 나가기'에 체크하고 [나가기]를 터치합니다. 이렇게 하면 아무도 모르게 채팅방을 나올 수 있습니다.

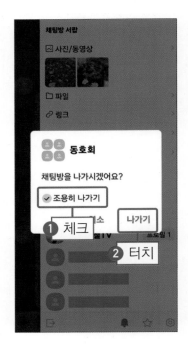

주목 💡 **알아두기**

'조용히 나가기'에 체크하지 않고 그냥 [나가기]를 터치하면 채팅방에 '000님이 나갔습니다'라는 문구가 남게 됩니다.

01 동일한 메시지를 한 번에 여러 명에게 전송하는 방법을 알아보겠습니다. 먼저 홈 화면으로 돌아와 [카카오톡] 앱을 길게 터치한 후 [나와의 채팅]을 선택합니다.

주목 💡 카카오톡의 '한 명씩 보내기'란?

청첩장과 같은 동일한 내용의 메시지를 여러 명에게 한 번에 전달하고 싶을 때 사용하는 기능으로 동시에 10명에게 같은 메시지를 전송할 수 있습니다. 동일한 메시지를 반복해서 입력하는 수고로움을 덜어 줍니다.

02 입력창에 전송할 내용을 입력하고 ▶을 터치합니다.

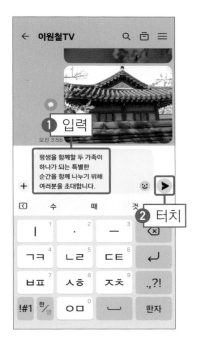

03 전송된 메시지의 말풍선을 길게 터치합니다. [전달]을 터치합니다.

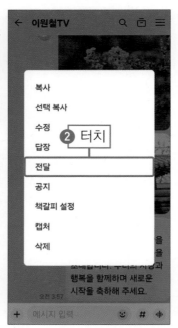

04 '전달 대상 선택' 창의 [친구] 탭을 선택하고 오른쪽
    상단의 ⊒Q을 터치합니다.

05 메시지를 전달할 친구를 10명 이하로 선택하고 오른쪽 상단의 [확인]을 터치하면 동일한 메시지가 한 번에 전송됩니다.

06 '한 명씩 보내기'는 최대 10명까지만 가능합니다. 만약 10명이 초과되면 그림과 같은 창이 뜨기 때문에 친구를 10명 이하로 선택합니다.

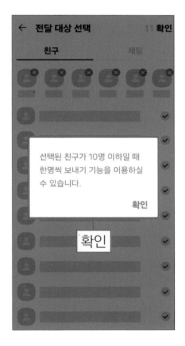

step 3 받기 싫은 카톡 차단하기

▶ 알림톡과 친구톡 알아보기

카카오톡을 사용하다 보면 불필요한 광고 메시지를 종종 받게 됩니다. 광고 메시지는 '알림톡'과 '친구톡'으로 종류를 나눌 수 있습니다. '알림톡'은 카카오톡 채널을 추가하지 않은 이용자에게도 발송이 가능한 정보성 메시지이고, '친구톡'은 카카오톡 채널을 추가한 이용자에게 발송하는 광고성 메시지입니다.

정보성 메시지는 '영리목적 광고성 정보의 예외'에 해당하는 메시지로 주문, 결제, 입출금, 배송, 견적서 등이 정보성 메시지에 해당합니다. 카카오톡 채널 추가 여부와 관계없이 전화번호를 기준으로 발송이 가능하며, 카카오톡 채널을 통해 수신되는 서비스입니다.

광고성 메시지는 전송자가 경제적 이득을 취할 목적으로 전송하는 메시지입니다. 카카오톡 채널을 추가한 이용자를 대상으로 정보성 메시지와 함께 광고성 메시지가 발송됩니다.

▲ 알림톡 vs 친구톡 (이미지 출처: 카카오비즈니스)

▶ 알림톡 차단하기와 차단 해제하기

01 먼저 '알림톡'을 차단하기 위해 [채팅] 탭을 터치하고
알림톡 채팅방을 터치합니다.

02 오른쪽 상단의 [알림톡 차단]을 터치하고 '알림톡 차단' 창의 [차단]을 터치하면 알림
톡이 차단됩니다. 만약 알림톡을 다시 받고 싶다면 [알림톡 받기]를 터치합니다. 알림
톡 차단 설정을 마쳤다면 채팅방을 나옵니다.

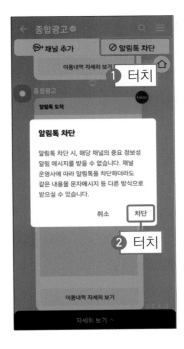

01 이번에는 '친구톡'을 차단해 보겠습니다. 하단의 [친구] 탭을 터치하고 화면을 위로 스크롤하여 [채널(💬)]을 터치합니다.

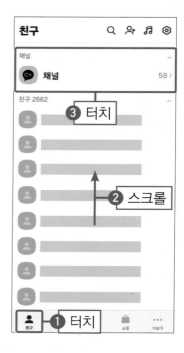

02 내가 추가한 채널의 목록이 나타납니다. 차단하고 싶은 채널을 터치합니다. 채널 이름 오른쪽의 💬을 터치합니다.

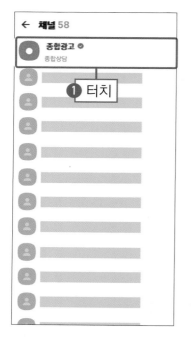

03 채널을 차단할 것이냐는 창의 [차단]을 터치합니다. 채널이 차단되었다는 창의 [확인]을 터치하면 채널이 차단됩니다.

04 만약 채널을 다시 친구로 추가하고 싶다면 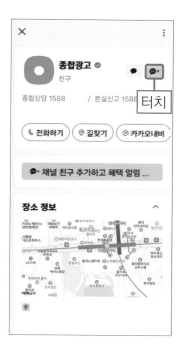을 터치합니다.

05 광고와 마케팅 메시지를 카카오톡으로 받을 수 있다는 창의 [채널 추가] 버튼을 터치하면 채널이 친구로 추가됩니다.

▶ 카톡 친구 차단하기와 차단 해제하기

01 이번에는 카톡 친구로 등록되어 있는 사람을 차단해 보겠습니다. 하단의 [친구] 탭에서 차단할 사람을 길게 터치합니다. 예제에서는 '광고사'라는 이름을 가진 가상의 친구를 선택했습니다.

02 [차단]을 터치합니다. '친구 차단' 창에서 [메시지 차단, 프로필 비공개]를 터치합니다.

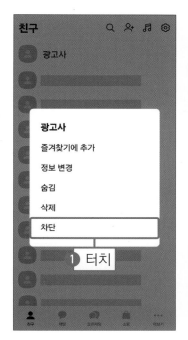
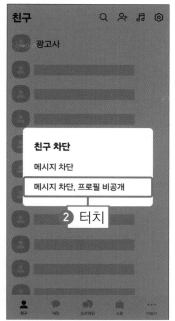

03 차단된 친구는 친구 목록에서 삭제되며, 친구의 메시지를 받을 수 없게 됩니다. 차단 여부는 상대방이 알 수 없습니다. 하지만 차단한 친구는 차단을 해제하여도 친구로 바로 추가할 수 없으니 신중하게 생각한 후 '친구 차단' 창의 [차단]을 터치합니다.

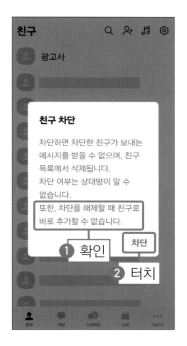

주목 ⚡ 카톡 친구 차단 시 주의사항

이전에는 친구를 차단한 후에 차단을 해제하면 친구 목록에 바로 추가되었습니다. 하지만 카카오톡이 업데이트되면서 차단을 해제해도 친구로 바로 추가되지 않게 변경되었으니 주의합니다!

04 차단을 해제하고 싶다면 오른쪽 상단의 ⚙을 터치하고 [친구 관리]를 선택합니다.

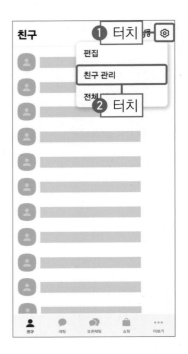

05 '친구' 화면을 위로 스크롤한 후 [차단친구 관리]를 터치합니다.

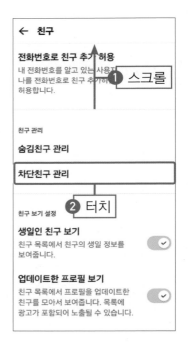

06 차단을 해제할 친구의 [관리] 버튼을 터치합니다.

07 '차단 관리' 창에서 [차단 해제]를 선택하고 [확인]을 터치하면 차단이 해제됩니다. 친구의 차단을 해제하여도 친구 목록에 다시 추가되지 않습니다.

주목 💡 **차단 해제 후 수동 친구 추가 방법**

카톡 친구를 수동으로 추가하는 방법은 2가지입니다.
① [친구] 탭을 터치하고 오른쪽 상단의 [&+]을 선택합니다.
'QR 코드 / 연락처로 추가 / 카카오톡 ID로 추가' 중 원하는 방법을 선택한 후 추가합니다.
② 1:1 및 그룹 채팅방에 들어가 상대방의 프로필을 선택한 후 [친구 추가]를 터치하여 추가합니다.

01 이제 챗봇을 사용해 볼 차례입니다. [채팅] 탭에서 상
단의 Q을 터치합니다.

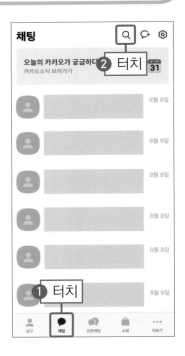

> **주목 💡 챗봇이란?**
>
> 챗봇(Chatbot)은 '수다를 떨다(Chatter)'와 '로봇(Robot)'
> 의 합성어로 사람과 대화할 수 있는 메신저 프로그램입니다.
> 최근에는 인공지능이 발달하면서 텍스트가 아닌 음성으로
> 도 챗봇과 대화를 주고받을 수 있게 되었습니다.

02 검색창에 'Askup'을 검색합니다.

> **주목 💡 AskUP이란?**
>
> AskUp은 '업스테이지(Upstage)'라는 국내의 스타트업 회
> 사에서 개발한 인공지능 챗봇 서비스입니다.

110

03 채널 이름 오른쪽의 💬을 터치합니다. 채널을 소개하는 창의 [채널 추가] 버튼을 터치한 후 왼쪽 상단의 ←을 터치합니다.

04 하단의 [친구] 탭을 터치하고 화면을 위로 스크롤하여 [채널(💬)]을 터치합니다. [AskUp]을 선택합니다.

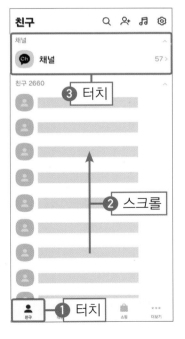

05 채널 이름 오른쪽의 📇 을 터치합니다.

06 메시지 입력창에 챗봇에게 물어볼 질문을 입력한 후
▶을 터치합니다. 예제에서는 요즘 계절에 어울리는
하루 식단을 물어봤습니다.

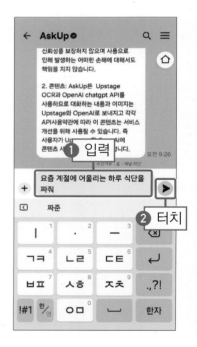

07 챗봇에게 금방 답변을 받을 수 있습니다.

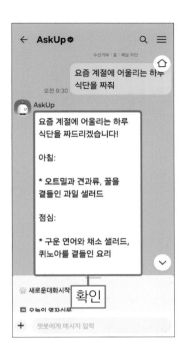

08 이외에도 '돼지고기, 토마토, 계란으로 만들 수 있는 요리', '계란 스크럼블 만드는 방법' 등 여러 가지 질문에 대한 답변의 예시입니다.

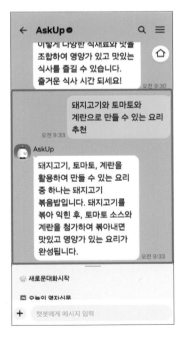
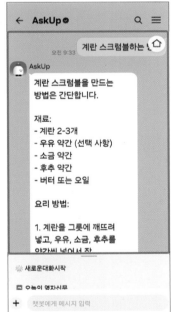

Chapter 05

자주 시청하는
유튜브 채널을 구독하자!

유튜브는 대부분의 사람들이 스마트폰에서 가장 오랜 시간 사용하는 앱입니다. 이번 챕터에
서는 일상에서 유튜브를 더욱 효율적으로 활용할 수 있는 몇 가지 기능을 소개합니다. 알려드
리는 기능으로 유튜브를 더욱 즐겁게 사용해 보세요!

▶ 채널명 변경하기

01 스마트폰 홈 화면에서 [YouTube] 앱을 터치하여 실행합니다.

02 하단의 [내 페이지] 탭을 선택한 후 상단의 [채널 보기 >]를 터치합니다.

주목 💡 유튜브 채널

갤럭시 스마트폰의 경우 구글 계정에 자동으로 동기화되어 있기 때문에 유튜브 채널이 이미 개설되어 있습니다. 채널명은 구글 계정 아이디와 동일합니다.

03 화면 오른쪽 중간의 ✏️을 터치합니다. 채널명을 변경하기 위해 [이름]의 ✏️을 터치합니다.

04 채널명을 입력하고 [저장] 버튼을 터치합니다. 이름이 변경되었습니다. [핸들]과 [설명]도 각각 ✏️을 터치하여 변경해 봅니다. '핸들'이란 유튜브에서 사용할 닉네임입니다.

▶ 프로필 사진과 채널 배너 이미지 변경하기

01 상단의 ●을 터치합니다. 이어서 [갤러리] 버튼을 터치합니다.

02 프로필용 사진을 선택합니다. 사진 크기를 원 모양에 맞춰 조절합니다. [프로필 사진으로 저장] 버튼을 터치하면 프로필 사진이 변경됩니다.

03 이번에는 채널의 배너 이미지를 변경하기 위해 오른쪽 상단의 📷을 터치합니다. 이어서 [내 사진에서 선택]을 선택합니다.

04 유튜브 채널의 배너 이미지로 등록할 사진을 선택합니다.

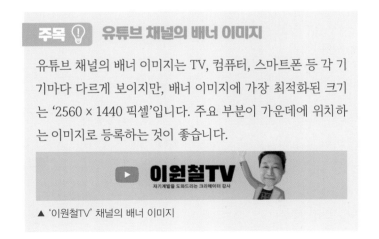

주목 💡 유튜브 채널의 배너 이미지

유튜브 채널의 배너 이미지는 TV, 컴퓨터, 스마트폰 등 각 기기마다 다르게 보이지만, 배너 이미지에 가장 최적화된 크기는 '2560 × 1440 픽셀'입니다. 주요 부분이 가운데에 위치하는 이미지로 등록하는 것이 좋습니다.

▲ '이원철TV' 채널의 배너 이미지

05 두 손가락을 오므려서 드래그해 사진의 크기를 조절합니다. 오른쪽 상단의 [저장]을
터치합니다.

06 채널의 배너 이미지가 변경되었습니다.

마음에 드는 채널 구독하고 댓글 달기

▶ 채널 구독하기와 구독 취소하기

01 이번에는 자주 보는 유튜브 채널을 구독하기 위해 하단의 [홈] 탭을 터치하고 오른쪽 상단의 Q을 터치합니다. 검색창에 채널명을 입력하고 키보드의 🔍을 터치합니다.

02 채널이 검색되면 [구독] 버튼을 터치하여 구독할 수 있습니다.

주목 💡 **유튜브 채널 구독하기란?**

유튜브 채널을 구독하면 [구독] 탭에서 채널에 업로드되는 콘텐츠를 확인할 수 있습니다. 알림을 설정해 놓으면 좋아하는 채널의 최신 영상을 놓치지 않고 시청할 수 있습니다.

03 검색된 화면에서 구독할 채널의 영상을 터치합니다. 영상 아래의 [구독] 버튼을 터치해 구독할 수도 있습니다.

04 만약 구독을 취소하고 싶다면 🔔∨ 을 터치하고 [구독취소]를 터치합니다.

▶ 댓글 달기

01 [댓글]을 터치합니다. 댓글 입력창에 댓글을 입력하고 ▷을 터치하면 댓글이 등록됩니다.

▶ 공유하기

01 [공유] 버튼을 터치합니다. [카카오톡(🟤)]을 터치해 친구에게 영상을 공유합니다.

▶ 재생목록 만들기

01 다시 유튜브 홈 화면으로 돌아와 [내 페이지] 탭을 터치합니다.

02 [재생목록]을 터치합니다.

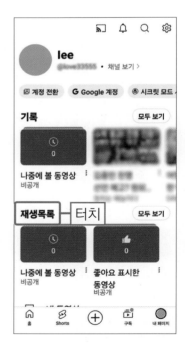

주목 💡 **유튜브 재생목록이란?**

유튜브 재생목록은 특정 주제나 관심사에 따라 영상을 구분해 놓는 기능입니다. 예를 들어 좋아하는 가수의 음악을 재생목록으로 생성해 나만의 취향을 담은 플레이리스트로 만들 수 있습니다. 재생목록을 학습, 취미 등 다양한 용도로 사용해 보세요.

03 [새 재생목록 만들기] 버튼을 터치합니다.

04 제목을 입력하고 공개 여부를 설정한 후 [만들기] 버튼을 터치합니다. 새 재생목록이 생성되었습니다. 왼쪽 상단의 ← 을 두 번 터치합니다.

▶ 재생목록에 영상 추가하기

01 하단의 [홈] 탭을 터치합니다. 예제에서는 음악 재생목록을 만들기 위해 검색창에 '실시간 음악'을 검색했습니다. 영상을 터치합니다. 영상 아래의 [저장] 버튼을 터치합니다.

02 새로 생성한 [음악] 재생목록을 선택한 후 [완료]를 터치하면 재생목록에 영상이 추가됩니다.

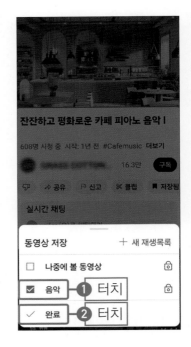

126

▶ 채널에서 재생목록 보기

01 [내 페이지] 탭에서 [채널 보기 >]를 터치합니다. [재생목록] 탭을 터치한 후 [음악] 재생목록을 터치합니다.

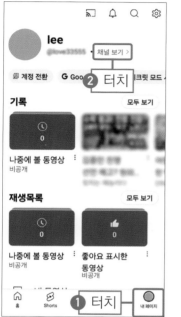

02 추가한 영상을 터치하면 영상을 시청할 수 있습니다.

▶ 10초씩 건너뛰기

01 유튜브에서 영상을 재생한 후 화면의 오른쪽을 빠르게 두 번 터치합니다. 앞으로 10초씩 건너뛰기가 가능합니다.

02 화면의 왼쪽을 빠르게 두 번 터치합니다. 뒤로 10초씩 건너뛰기가 가능합니다.

128

▶ 2배 속도로 보기

01 화면의 아무 곳이나 길게 터치합니다. 터치하고 있는 동안 2배 속도로 영상을 시청할
수 있습니다.

▶ 자막 켜기

01 화면의 아무 곳이나 터치한 후 오른쪽 상단의 ⬚을 터치합니다. 자동 자막이 생성되었
습니다. 자막을 끄고 싶다면 오른쪽 상단의 ⬚을 한 번 더 터치합니다.

▶ 화면 크게 보기

01 화면의 아무 곳이나 터치한 후 오른쪽 하단의 ▣을 터치합니다. 화면이 확대되었습니다. 원래대로 되돌리고 싶다면 아무 곳이나 터치한 후 오른쪽 하단의 ✣을 터치합니다.

02 더 쉬운 방법은 화면을 위로 빠르게 드래그하면 화면이 확대됩니다. 화면을 아래로 빠르게 드래그하면 원래 크기로 돌아옵니다.

▶ 화질 및 속도 조절하기

01 화면의 아무 곳이나 터치합니다. 오른쪽 상단의 ⚙을 터치합니다.

02 [화질]을 터치합니다. [높은 화질]을 터치합니다. 이렇게 하면 보다 선명한 화질로 영상을 시청할 수 있습니다.

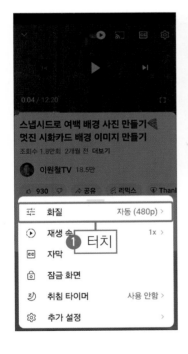
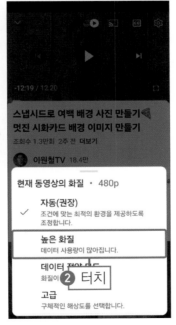

03 속도를 조절할 경우에는 [재생 속도]를 터치합니다. 속도 조절바를 왼쪽, 오른쪽으로 드래그하거나 속도 조절 항목을 터치하면 영상의 속도를 조절할 수 있습니다.

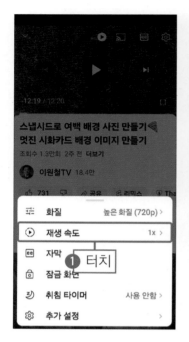 

▶ 영상 공유 및 유튜브 브라우저로 보기

01 [공유] 버튼을 터치합니다. [카카오톡(●)]을 터치해 영상을 공유합니다.

 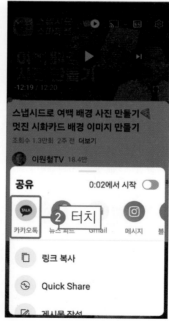

02 공유한 링크를 터치합니다. [구독] 버튼이나 [좋아요]를 터치하면 로그인하라는 창이 뜨기 때문에 상단의 [앱 열기] 버튼을 터치합니다.

03 또는 오른쪽 하단의 ⋮을 터치하고 [다른 브라우저로 열기]를 터치합니다. 이렇게 하면 로그인할 필요 없이 바로 [구독] 버튼이나 [좋아요]를 터치할 수 있습니다.

Chapter 06
챗GPT 앱을
사용해 보자!

챗GPT는 2022년에 '오픈에이아이(Open AI)' 사에서 개발한 대화 전문 인공지능 챗봇입니다. 방대한 양의 데이터를 학습했기 때문에 사람과 자연스러운 대화가 가능합니다. 챗GPT는 일상에서 정보 검색, 번역, 일정 관리 등의 용도로 유용하게 사용할 수 있습니다.

01 스마트폰 홈 화면에서 [Play 스토어] 앱을 터치하여
실행합니다.

> **주목 💡 챗GPT란?**
>
> 챗GPT는 미국의 마이크로소프트 계열사인 '오픈에이아이
> (OpenAI)'에서 개발한 대화형 인공지능 서비스입니다. 다
> 양한 주제의 대규모 텍스트 데이터를 학습하여 사람과 자연
> 스러운 대화를 할 수 있도록 설계되었습니다.

02 하단의 [검색] 탭을 선택하고 검색창을 터치합니다. '챗gpt'를 입력하고 🔍을 터치합
니다.

03 이때 유사한 앱이 많으므로 반드시 'OpenAI'의 ChatGPT(◉) 앱을 설치해야 합니다. [설치] 버튼을 터치하여 설치를 진행합니다. [열기] 버튼을 터치합니다.

 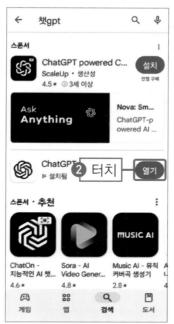

04 앱이 실행되면 'ChatGPT'에 대한 설명과 함께 계속 진행함으로써 이용약관에 동의하고, 개인정보 보호 정책을 읽은 것으로 간주한다는 화면이 나타납니다. 하단의 [계속] 버튼을 터치합니다. 오른쪽 상단의 [회원 가입] 버튼을 터치합니다.

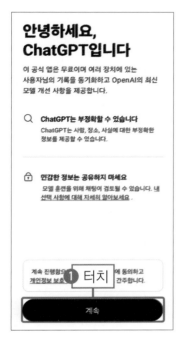 

05 [Google로 계속하기] 버튼을 터치합니다. 로그인에 사용할 계정을 확인하고 [로그인]
을 터치합니다.

06 'ChatGPT에 로그인' 창의 [OO 계정으로 계속] 버튼을 터치합니다. 사용자의 정보를
입력하는 화면에서 이름과 생일을 입력한 후 [계속] 버튼을 터치하여 로그인합니다.

01 메시지 입력창을 터치하여 질문하고 싶은 내용을 입력
합니다. 예제에서는 '가을에 어울리는 감성적인 시'와
관련하여 질문하였습니다. ⬆을 터치합니다.

주목 💡 챗GPT에게 질문할 때 꿀팁

챗GPT에게 질문을 효과적으로 하기 위해서는 내용을 간결
하지만 명료하고, 구체적으로 제시해야 합니다. 맥락과 키워
드를 포함하여 예시를 함께 제공하는 것도 좋은 방법입니다.

02 조금 기다리면 챗GPT가 금방 답변해 줍니다.

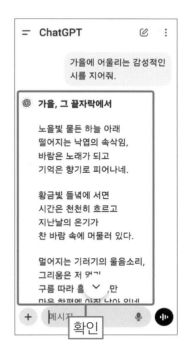

03 이번에는 '동창회 모임에서 인사말'에 대해 질문을 입력한 후 ●을 터치합니다. 챗GPT가 동창회 모임에 어울리는 인사말을 작성해 줍니다.

04 마지막으로 '정보화 시대와 미디어의 이해'에 대해 2,000자로 요약해 달라고 조건을 걸어 질문한 후 ●을 터치합니다. 챗GPT가 2,000자 이내로 주제와 관련된 글을 작성해 줍니다.

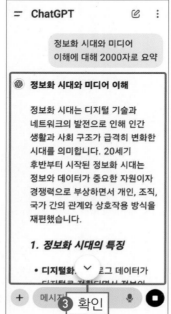

01 메시지 입력창의 🎤 를 터치합니다.

> **주목** 💡 **챗GPT에게 음성으로 질문하기**
>
> 챗GPT의 '음성 검색'이란 사용자가 음성으로 질문하면 챗GPT
> 가 이를 텍스트로 변환해 주는 기능입니다. 이동 중이거나 손
> 을 사용할 수 없는 상황에 유용하게 사용해 보세요.

02 ChatGPT에서 오디오를 녹음하도록 허용하겠냐는 창
의 [앱 사용 중에만 허용]을 터치합니다.

141

03 "가을에 잘 어울리는 감성적인 시를 지어 주세요."라고 소리 내어 질문한 후 [탭하여 녹음 중지] 부분을 터치합니다. 음성이 텍스트로 변환되면 **⬆**을 터치합니다.

04 챗GPT가 가을에 어울리는 감성적인 시를 금방 작성해 줍니다. 다른 질문을 하기 위해 메시지 입력창의 🎤를 터치합니다.

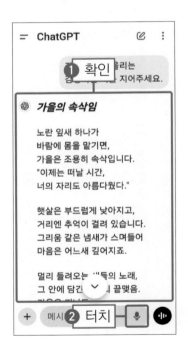

05 "고령화 사회와 디지털 소외계층 대책에 관해서 2,000
자 내외로 알려 줘."라고 소리 내어 질문한 후 [탭하여
녹음 중지] 부분을 터치합니다.

06 음성이 텍스트로 변환되면 ●을 터치합니다. 챗GPT가 2,000자 이내로 주제와 관련된
글을 작성해 줍니다.

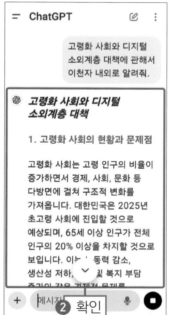

▶ 링크로 공유하기

01 챗GPT의 답변을 공유하기 위해 오른쪽 상단의 ⋮을
터치하고 [공유]를 터치합니다.

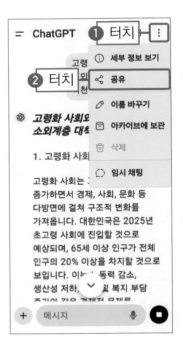

주목 💡 **챗GPT와 대화한 내용 공유하기**

챗GPT와의 대화 내용을 친구에게 링크로 공유하거나 PDF
또는 텍스트 파일로 내보낼 수 있습니다.

02 하단의 [링크 공유] 버튼을 터치합니다. [카카오톡(●)]을 터치하여 공유해 봅니다.

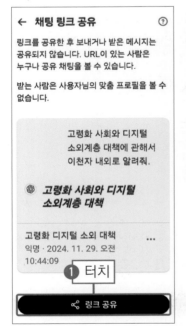
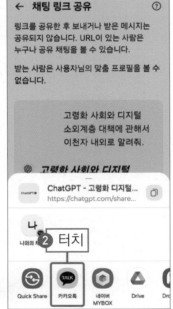

▶ 링크를 복사하여 공유하기

01 링크 공유 화면 오른쪽 상단의 🗋 을 터치하면 링크가
복사됩니다. 카카오톡이나 메신저 앱의 입력창을 길게
터치한 후 붙여넣기하면 링크를 공유할 수 있습니다.

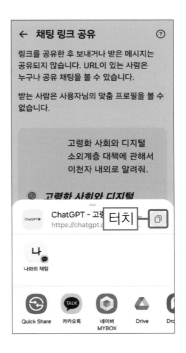

▶ 답변을 복사하여 공유하기

01 복사할 챗GPT의 답변을 길게 터치합니다. [복사]를 터치하면 텍스트가 복사됩니다. 카
카오톡이나 메신저 앱에 복사한 텍스트를 공유할 수 있습니다.

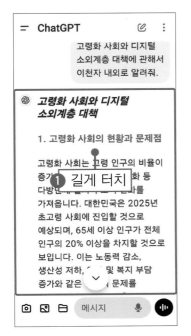
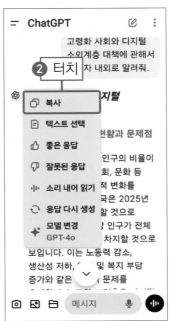

145

Chapter 07

키보드의 편리한 기능을
알아보자!

갤럭시 스마트폰의 키보드는 계속 업데이트되면서 유용한 기능이 추가되고 있습니다. 번역 기능이 탑재되어 있어 키보드로 입력한 문장을 번역할 수 있고, 단축어로 긴 문장을 간편하게 입력할 수도 있습니다. 지금부터 알아두면 좋은 키보드의 여러 가지 기능을 살펴보겠습니다.

01 [카카오톡(💬)] 앱을 실행한 후 채팅방에 들어가 입력창을 터치합니다. 예제에서는 나
와의 채팅방에 들어갔습니다. 키보드의 🔁 을 터치합니다.

주목 💡 키보드의 번역 기능이란?

키보드의 번역 기능은 키보드로 입력한 문장을 번역해 주는 기능입니다. 특히 짧은 문장을 번역할 때 유
용하며, 별도의 앱을 설치하지 않아도 편리하게 사용할 수 있습니다. 키보드 메뉴에서 🔁이 보이지 않
는다면 ···을 터치하고, [번역(🔁)]을 길게 터치한 채 상단의 메뉴바로 드래그합니다.

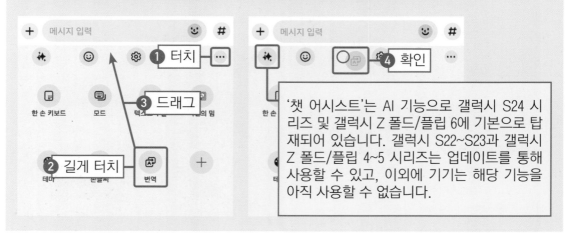

'챗 어시스트'는 AI 기능으로 갤럭시 S24 시
리즈 및 갤럭시 Z 폴드/플립 6에 기본으로 탑
재되어 있습니다. 갤럭시 S22~S23과 갤럭시
Z 폴드/플립 4~5 시리즈는 업데이트를 통해
사용할 수 있고, 이외에 기기는 해당 기능을
아직 사용할 수 없습니다.

02 입력창에 번역할 문장을 입력합니다. 예제에서는 '이 번 모임에는 반드시 참석하겠습니다'를 입력했습니다. 오른쪽의 KR 을 터치합니다.

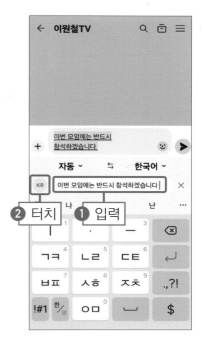

03 [한국어 ∨]를 터치합니다. '번역 언어' 창에서 [영어]를 선택합니다.

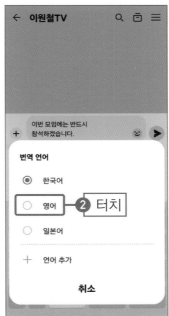

04 한국어로 입력한 문장이 영어로 번역되었습니다. 다시 [영어 ∨]를 터치합니다. '번역 언어' 창에서 [일본어]를 선택합니다.

05 영어 문장이 일본어로 번역되었습니다. ▶을 터치하면 일본어로 전송됩니다.

06 만약 영어나 일본어 외에 다른 언어를 추가하고 싶다면 [일본어 V]를 터치합니다. '번역 언어' 창에서 [+ 언어 추가]를 선택합니다.

 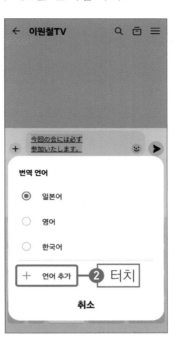

07 '언어팩' 화면에서 '다운로드 가능' 카테고리에 있는 언어 중 원하는 언어의 ⬇을 터치하면 언어를 설치할 수 있습니다.

▶ 단축어 설정하기

01 다시 나와의 채팅방에서 입력창을 터치합니다.

> **주목** 💡 **단축어 기능이란?**
>
> 자주 사용하는 인사말이나 주소, 이메일 등을 특정 단축어로
> 저장해 두고 필요할 때 단축어로 전체 문장을 빠르게 입력
> 하는 기능입니다.

02 키보드의 ⚙을 터치합니다. '삼성 키보드' 화면에서 [단축어]를 터치합니다.

03 오른쪽 상단의 [+]를 터치합니다. 문장을 대표할 짧은 단축어를 입력합니다. 예제에서
　　는 '주소'를 입력했습니다.

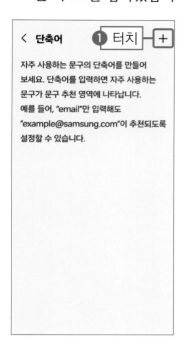

04 전체 문구 입력란에 주소지를 입력한 후 [추가]를 터치합니다. '주소' 단축어가 추가되
　　었습니다.

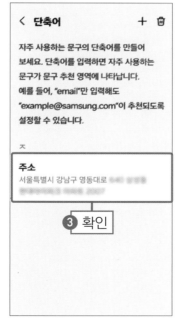

05 다시 오른쪽 상단의 [+]를 터치합니다. 이번에는 단축어로 '메일'을 입력합니다.

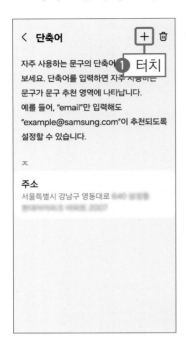 

06 전체 문구 입력란에 메일 주소를 입력한 후 [추가]를 터치합니다. '메일' 단축어가 추가되었습니다.

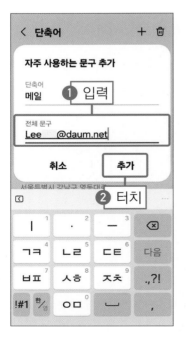 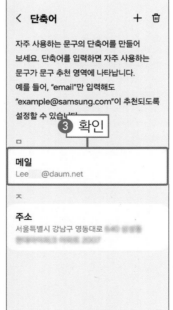

▶ 단축어 보내기

01 다시 나와의 채팅방으로 돌아와 입력창을 터치한 후
설정한 단축어를 입력합니다.

02 입력창 아래에 추천 문장으로 뜨는 주소지를 선택하고 ▶을 터치합니다. 주소지가 전
송되었습니다.

01 잘 보이지 않는 글자를 확인하거나, 책에 있는 글귀를 적어 두고 싶을 때 사용하기 좋은 텍스트 추출 기능을 알아보겠습니다. 다시 나와의 채팅방의 입력창을 터치합니다.

02 키보드 오른쪽 상단의 ⋯을 터치합니다. [텍스트 추출( )]을 터치합니다.

156

03 키보드 영역이 카메라 화면으로 전환되면 텍스트로 추
출하고 싶은 글자를 비춘 후 ⓣ을 터치합니다.

04 [붙여넣기] 버튼을 터치하면 추출된 텍스트가 입력됩니다. ▶을 터치하면 추출한 텍스
트를 전송할 수 있습니다.

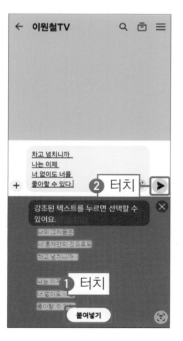
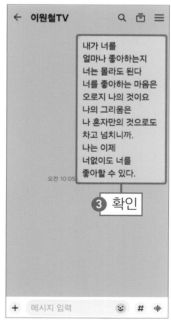

Chapter 08

어려운 한자를 검색하고,
입력해 보자!

네이버 사전 앱은 영어, 일본어, 중국어 등 67종의 언어가 제공되는 온라인 사전 앱입니다. 한자를 직접 그려서 검색하거나, 사진을 찍어 검색할 수 있습니다. 이번 챕터에서는 모르는 한자를 앱에서 검색하는 방법과 키보드로 한자를 입력하는 방법을 알아보겠습니다.

01 스마트폰 홈 화면에서 [Play 스토어] 앱을 터치하여
실행합니다.

02 하단의 [검색] 탭을 터치하고 검색창을 터치합니다. '네이버 사전'을 입력하고 🔍 을
터치합니다.

03 '네이버 사전'의 [설치] 버튼을 터치합니다. [열기] 버튼을 터치합니다.

04 네이버 사전 앱이 실행되면 배우고 싶은 언어를 선택한 후 하단의 [OK] 버튼을 터치합니다.

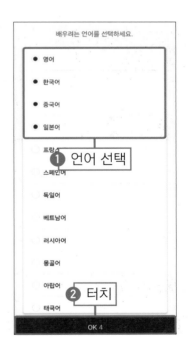

05 한자 사전을 대표 사전으로 설정하기 위해 [추천] 카
테고리를 위로 스크롤해 '한자사전'을 선택하고 하단
의 [한자사전 선택] 버튼을 터치합니다.

06 네이버 사전에서 알림을 보내도록 허용하겠냐는 창의 [허용 안함]을 터치합니다. 다시
한 번 [아니오] 버튼을 터치하면 네이버 사전 앱이 실행됩니다.

01 네이버 사전 앱이 이미 설치되어 있을 때 한자 사전을 대표 사전으로 설정하기 위해서는 하단의 ☆을 터치합니다. 오른쪽 중간의 ⚙을 터치합니다.

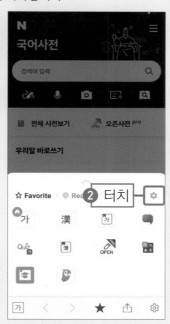

02 [한자사전(漢)]을 길게 터치한 채 맨 앞으로 드래그합니다. 하단의 [Save] 버튼을 터치하면 한자 사전이 대표 사전으로 설정됩니다.

▶ 검색어로 검색하기

01 상단의 검색창을 터치합니다.

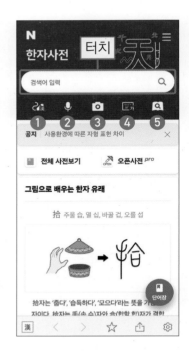

> **주목** 💡 **다양한 한자 검색 방법**
>
> ❶ 🖊 한자를 그려서 검색할 수 있습니다.
> ❷ 🎤 음성으로 한자를 검색할 수 있습니다.
> ❸ 📷 사진을 촬영하여 한자를 검색할 수 있습니다.
> ❹ ⌨ 네이버 키보드에 한자의 음을 입력해 검색할 수 있습니다.
> ❺ 🔍 한자의 음, 총 획수, 부수 등으로 한자를 검색하는 고급 검색 기능입니다.

02 검색창에 '학습'을 입력하고 🔍을 터치합니다. 검색 결과를 확인한 후 하단의 ◁을 터치합니다.

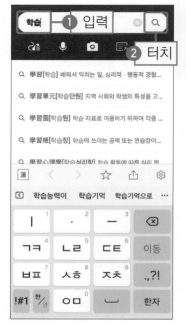

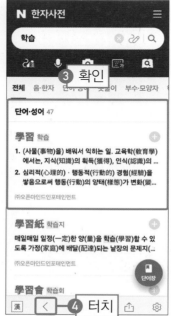

▶ 필기 인식으로 검색하기

01 이번에는 █를 터치합니다. 필기 입력창을 드래그하여 한자를 그린 후 검색할 한자를 터치합니다. 검색창에 한자가 입력되어 나타납니다.

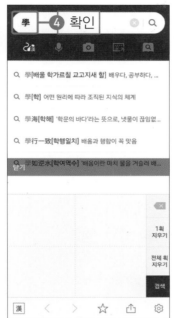

02 추가로 검색할 한자를 드래그하여 그린 후 검색할 한자를 터치합니다. 검색창에 한자가 입력되어 나타나고 한자의 뜻과 풀이가 검색됩니다.

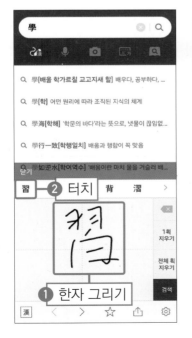
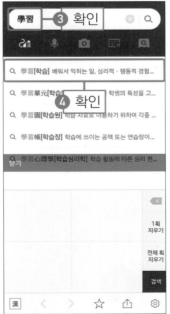

▶ 음성 인식으로 검색하기

01 다시 네이버 사전 앱의 홈 화면으로 돌아와 이번에는 🎤을 터치합니다. ⬇ 버튼을 터치합니다.

02 네이버 사전에서 오디오를 녹음하도록 허용하겠냐는 창의 [앱 사용 중에만 허용]을 터치합니다. 🎤 버튼을 터치한 채 "학습"을 말하고 손을 뗍니다.

03 검색창에 '학습'이 검색되고 '학습'의 한자 단어와 성
어가 검색되어 나타납니다. 하단의 ⟨ 을 터치합니다.

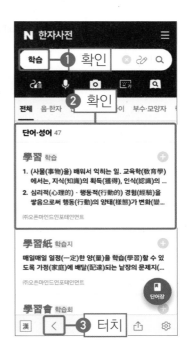

▶ 사진 촬영으로 검색하기

01 검색창 아래의 🖸 을 터치합니다. 네이버 사전에서 사진을 촬영하고 동영상을 녹화하도
록 허용하겠냐는 창의 [앱 사용 중에만 허용]을 터치합니다.

02 [촬영] 버튼을 터치합니다. 검색하고 싶은 한자가 있는 부분의 화면을 드래그하여 선
   택합니다.

03 사진 촬영으로 인식된 한자의 음과 뜻이 검색됩니다.

01 직접 한자를 입력하는 방법을 알아보기 위해 [카카오 톡(●)] 앱을 실행한 후 나와의 채팅방에 들어가 입력 창을 터치합니다.

> **주목 💡 한자 입력하기**
>
> 갤럭시 스마트폰의 키보드에는 한자 입력 기능이 있습니다. 한글을 입력한 후 한자 를 터치하면 한자가 입력됩니다. 한자 는 한 글자씩 변환할 수 있습니다.

02 한자로 변환할 단어를 입력합니다. 예제에서는 '학습' 을 입력했습니다.

03 이제 커서를 드래그하여 첫 글자 뒤에 위치시킨 후 키 보드의 [한자]를 터치합니다.

주목 💡 **키보드에서 [한자]가 안 보일 때**

[한자] 위치에 있는 키보드를 길게 터치한 후 [한자]를 선택합 니다.

04 뜻에 맞는 한자를 터치합니다. 첫 글자가 한자로 변경되었습니다.

170

05 커서를 드래그하여 두 번째 글자 뒤에 위치시킨 후 [한자] 를 터치합니다.

06 뜻에 맞는 한자를 터치합니다. 전체 글자가 한자로 변경되었습니다.

Chapter 09

쇼핑 앱으로
생필품을 주문하자!

요즘에는 모바일 쇼핑 앱으로 생필품을 구매하는 사람들이 많아지고 있습니다. 같은 물건이라도 앱에서 더 저렴하게 구매할 수 있고, 물건을 구매하면 집 앞까지 배송해 주는 편리함이 있기 때문입니다. 이번 챕터에서는 많은 사람들이 이용하고 있는 쿠팡 앱의 사용 방법을 알아보겠습니다.

흠.. 커피 머신을 하나 장만해야 하는데 마트에 가야 하나...

커피 머신을 하나 사려고 마트에 갈까 고민 중이야..

할머니, 뭐가 필요하세요?

그럼 제가 쿠팡 앱으로 주문해 드릴게요~

핸드폰으로 커피 머신 같은 것도 살 수 있어?

앱으로 검색하면 마음에 드는 물건을 선택할 수 있어요!

나는 베이지 색상이 마음에 드는구나~

N사 커피 머신
Coffee Machine

ID 커피조아 님의 별점: (★★★★★)
↳ 사용법이 간단합니다!

ID 바리스타 님의 별점: (★★★★☆)
↳ 가격 대비 성능이 괜찮네요.

ID 라떼러버 님의 별점: (★★★★★)
↳ 커피 맛이 좋습니다~

실물을 보지 못하기 때문에 제품의 상세 정보나 후기를 꼼꼼히 보는 것이 좋아요!

제가 앱에서 물건을 구매하는 방법도 알려드릴게요!

그래, 고맙다~

01 스마트폰 홈 화면에서 [Play 스토어] 앱을 터치하여
   실행합니다.

> **주목 💡 쿠팡이란?**
>
> 쿠팡은 한국의 대표적인 전자 상거래 기업으로 2010년에 설
> 립되었습니다. 다양한 상품을 온라인에서 판매하고 있으며,
> 주문한 상품을 당일이나 다음 날 바로 배송해 주는 '로켓배
> 송' 서비스로 유명합니다.

02 하단의 메뉴에서 [검색] 탭을 선택하고 검색창을 터치합니다. '쿠팡'을 입력하고 🔍 을
   터치합니다.

03 '쿠팡 (Coupang)'의 [설치] 버튼을 터치합니다. [열기] 버튼을 터치하면 앱이 실행됩니다.

04 쿠팡에서 알림을 보내도록 허용하겠냐는 창의 [허용 안함]을 터치합니다. '쿠팡 앱 이용을 위한 권한 안내' 창의 [확인] 버튼을 터치합니다.

01 가입을 축하하는 창의 [확인 >]을 터치합니다. 오른쪽 상단의 [로그인] 버튼을 터치합니다. [로그인] 버튼이 안 보이면 하단의 [마이쿠팡] 탭을 터치하세요.

02 [회원가입] 버튼을 터치합니다. 필수 항목에만 체크한 후 [다음] 버튼을 터치합니다.

 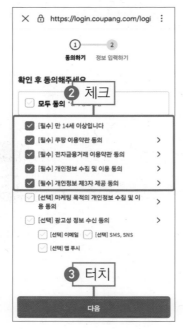

03 이름을 입력합니다. 이어서 이메일 주소를 입력합니다.

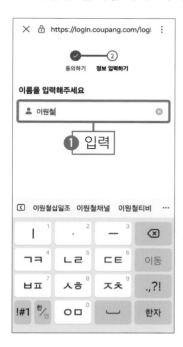 

04 전화번호를 입력한 후 [인증 요청] 버튼을 터치합니다. 번호를 등록할 것이냐는 창의 [인증하고 등록하기] 버튼을 터치합니다.

 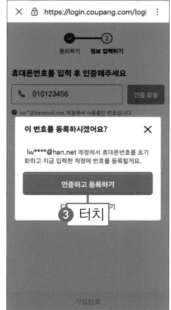

05 문자로 받은 인증번호를 입력한 후 [확인] 버튼을 터치합니다.

06 하단의 [가입완료] 버튼을 터치합니다.

주목 💡 **쿠팡에서 쇼핑하는 방법 간단 정리!**

쿠팡에서 쇼핑하는 방법을 정리하면 다음과 같습니다.
① 쿠팡 앱을 설치한 후 회원가입하여 로그인합니다.
② 상품을 검색하거나 카테고리를 탐색합니다.
③ 마음에 드는 상품을 선택하고 상세 정보를 확인합니다.
④ 구매할 상품을 장바구니에 담거나 바로 구매합니다.
⑤ [결제하기] 버튼을 터치해 결제 정보를 입력하고 결제를 진행합니다.
⑥ 주문 내역을 확인하고 배송 상태를 추적합니다.

step 3 필요한 물건을 주문하고 결제하기

01 쿠팡 앱의 홈 화면에서 상단의 검색창을 터치합니다.

주목 💡 쿠팡에서 물건을 구매할 때 주의할 점

쿠팡에서 물건을 구매할 때 주의할 점은 다음과 같습니다.
① 상품의 상세 정보, 리뷰, 평점을 꼼꼼히 확인합니다.
② '로켓배송'인지 '일반배송'인지 확인한 후 필요한 날짜에 맞춰 주문합니다.
③ 상품의 반품 가능 여부와 조건을 미리 확인합니다.
④ 동일한 상품이라도 판매자마다 가격이 다를 수 있으니 가격을 비교하여 최저가에 구매합니다.
⑤ 쿠폰이나 할인 혜택을 주기적으로 확인합니다.

02 필요한 물건을 입력한 후 🔍을 터치합니다. 예제에서는 '마우스'를 입력했습니다. 마음에 드는 상품을 터치합니다.

179

03 상품의 정보를 확인하기 위해 [상품상세] 버튼을 터치합니다. 상품의 정보와 가격을 확인한 후 [구매하기] 버튼을 터치합니다.

04 하단의 [바로구매] 버튼을 터치합니다.

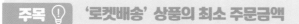

주목 💡 '로켓배송' 상품의 최소 주문금액

쿠팡의 와우 멤버십 회원이 아닌 일반 회원인 경우에는 최소 주문금액인 19,800원을 채워야 '로켓배송' 상품을 구매할 수 있으니 참고합니다.

05 '주문/결제' 화면에서 [배송지 >] 버튼을 터치합니다. 배송지 정보를 입력하고 '기본 배송지로 선택'에 체크한 후 [저장] 버튼을 터치합니다.

06 다시 한 번 배송지 정보를 확인한 후 [선택] 버튼을 터치합니다.

07 이번에는 [결제수단 >] 버튼을 터치합니다. 결제 카드를 등록하기 위해 [신용/체크카드]를 선택하고 '기본 결제수단으로 사용'에 체크합니다.

08 [카드 선택 ∨]을 터치합니다. 등록할 카드 종류를 선택합니다.

09 [선택완료] 버튼을 터치합니다. 화면을 위로 스크롤한 후 하단의 [결제하기] 버튼을 터치합니다.

10 쿠팡에서 사진을 촬영하고 동영상을 녹화하도록 허용 하겠냐는 창의 [앱 사용 중에만 허용]을 터치합니다.

11 신용카드를 사각형 모양 안에 맞추면 카드 정보가 자
동으로 입력됩니다. 인식되지 않으면 [카드정보 직접입
력] 버튼을 터치합니다.

12 카드 정보를 입력한 후 '필수 약관 모두 동의'에 체크합니다. [등록하고 결제하기] 버튼
을 터치합니다.

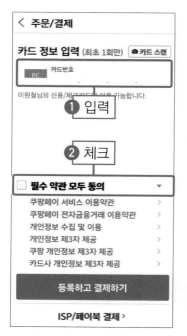

13 휴대폰 인증 정보를 입력하고 '휴대폰인증을 위한 약관 동의'에 체크한 후 [인증번호 요청] 버튼을 터치합니다.

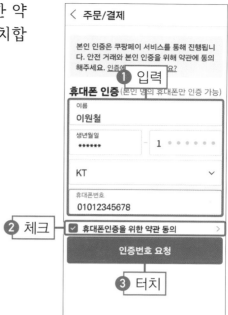

14 인증번호를 발송했다는 창의 [확인] 버튼을 터치합니다.

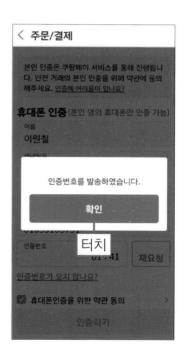

15 문자로 받은 인증번호를 입력한 후 [인증하기] 버튼을 터치합니다.

16 주문과 결제가 완료되었습니다. 이후에 쿠팡에서 물건을 주문할 때에는 배송지 및 카드 등록 단계 없이 원터치 결제 주문이 가능합니다.

01 구매한 상품의 주문을 취소하는 방법을 알아보겠습니다. 하단의 [마이쿠팡] 탭을 터치합니다.

주목 💡 **주문을 취소할 때 주의할 점**

쿠팡에서 주문을 취소할 때 주의할 점은 다음과 같습니다.

① 상품을 준비하는 단계에서는 주문을 취소할 수 있지만, 배송 출발 단계에서는 '반품 신청'을 해야 합니다.

② 결제 수단에 따라 환불 기간이 다릅니다. 예를 들어 신용 카드는 카드사에 따라 3~7일이 소요되고, 쿠페이머니는 당일 환불 처리됩니다.

③ 주문 취소가 완료되면 철회가 불가능하며, 배송이 시작된 경우 반품비가 발생할 수 있습니다.

02 화면을 위로 스크롤합니다. [주문목록 >]을 터치합니다.

03 [주문취소] 버튼을 터치합니다. 상품의 체크 박스를 터치한 후 [다음 단계 >] 버튼을 터치합니다.

04 취소 사유를 선택한 후 [다음 단계 >] 버튼을 터치합니다. 환불 정보를 확인하고 [신청하기] 버튼을 터치합니다.

05 '장바구니 다시 담기'를 체크 해제합니다. [확인] 버튼을 터치합니다.

06 주문 취소 신청이 완료되었습니다. 신용/체크카드로
결제하였기 때문에 3~7일 이내에 환불 처리됩니다.

Chapter 10

스마트폰으로
KTX 승차권을 예매하자!

'코레일톡' 은 코레일의 승차권 예매 앱입니다. 앱을 설치하면 시간과 장소에 구애받지 않고 언제 어디서나 KTX 승차권을 예매할 수 있습니다. 승차권을 구매하기 위해 바쁘게 기차역에 가거나 긴 줄을 서지 않아도 되어 편리합니다. 바쁜 일상 속에서 빠르고 효율적으로 KTX를 이용하는 방법을 함께 알아보겠습니다.

01 스마트폰 홈 화면에서 [Play 스토어] 앱을 터치하여
실행합니다.

주목 💡 **코레일톡 앱**

코레일톡 앱은 한국철도공사에서 제공하는 모바일 앱입니다. 앱을 통해 열차의 시간표를 확인할 수 있고, 좌석을 선택하여 편리하게 승차권을 구매할 수 있습니다. 또한, 코레일톡 앱 이용자에게는 다양한 할인 혜택과 이벤트를 제공하고 있습니다.

02 하단의 메뉴에서 [검색] 탭을 선택하고 검색창을 터치합니다. '코레일'을 입력하고 🔍
을 터치합니다.

03 '코레일톡'의 [설치] 버튼을 터치합니다. [열기] 버튼을 터치하면 앱이 실행됩니다.

04 '접근권한 설정안내' 화면의 [네] 버튼을 터치합니다.

05 사진과 동영상에 액세스하도록 허용하겠냐는 창의 [모두 허용]을 터치합니다. 기기의 위치 정보에 액세스하도록 허용하겠냐는 창의 [앱 사용 중에만 허용]을 터치합니다.

06 코레일톡에서 알림을 보내도록 허용하겠냐는 창의 [허용 안함]을 터치합니다. 코레일톡 앱의 설치가 완료되었습니다.

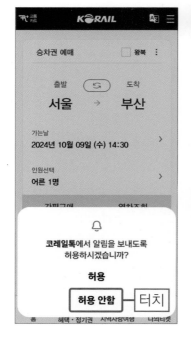
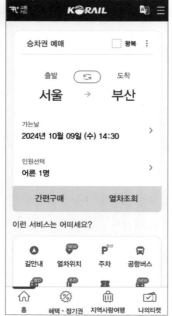

01 하단의 메뉴에서 [나의티켓] 탭을 터치합니다.

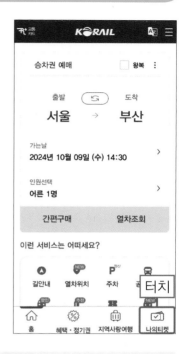

주목 💡 **회원과 비회원의 차이점**

코레일톡 앱은 비회원이어도 승차권을 구매할 수 있습니다. 다양한 혜택을 받고 싶다면 회원가입하는 것을 권장합니다.

· 회원

① 코레일톡 앱에서 진행하는 다양한 할인 혜택을 받을 수 있습니다.

② 승차권 구매 시 포인트를 적립할 수 있고, 이를 통해 추가 할인이나 무료 승차권을 받을 수 있습니다.

③ 신용카드 외에 계좌이체, 포인트 등 다양한 결제 방법을 선택할 수 있습니다.

④ 승차권 예매 내역을 쉽게 확인하고 변경할 수 있습니다.

⑤ 탑승할 열차의 원하는 좌석을 직접 선택할 수 있습니다.

· 비회원

① 회원가입의 과정 없이도 승차권을 예매할 수 있습니다.

② 코레일톡 앱에서 진행하는 다양한 할인 혜택을 받을 수 없습니다.

③ 신용카드로만 결제할 수 있습니다.

④ 좌석이 무작위로 지정됩니다.

02 [회원가입]을 터치합니다. 필수 항목에만 체크한 후 [다음] 버튼을 터치합니다.

 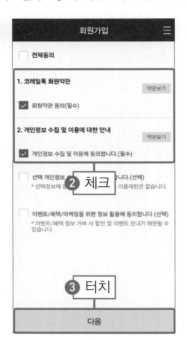

03 현재 이용 중인 통신사를 선택합니다. '전체 동의하기'에 체크하고 [문자(SMS)로 인증하기] 버튼을 터치합니다.

04 이름, 생년월일/성별, 전화번호를 입력한 후 [확인] 버튼을 터치합니다. 문자로 받은 인증번호를 입력하고 [인증확인] 버튼을 터치합니다.

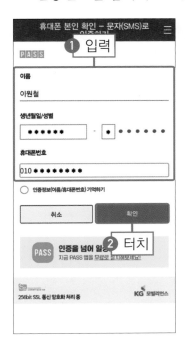

05 '이용안내' 창의 [확인] 버튼을 터치합니다. 결제할 때 사용할 '창구 비밀번호'와 로그 인할 때 사용할 '코레일톡 비밀번호'를 각각 입력한 후 [회원가입] 버튼을 터치합니다.

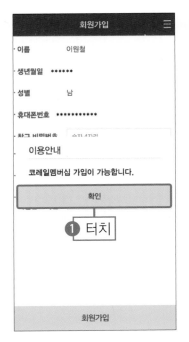

06 '이용안내' 창의 회원번호 10자리를 확인하고 [확인] 버튼을 터치합니다. 저장된 비밀번호를 코레일톡에 사용할 것이냐는 창의 [계속] 버튼을 터치합니다.

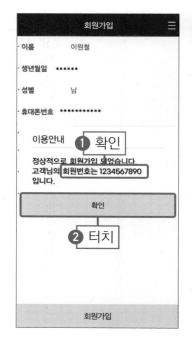
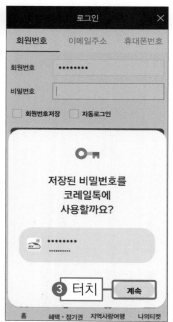

07 회원번호와 비밀번호를 입력하고 [로그인] 버튼을 터치합니다. '휴대전화 인증 안내' 창의 [전화번호 인증하기] 버튼을 터치합니다.

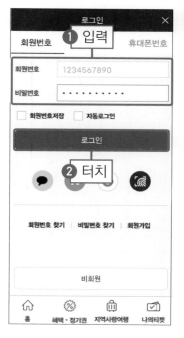
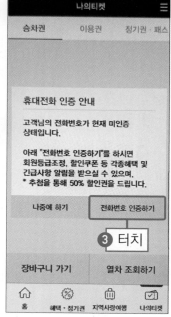

08 전화번호를 입력한 후 [인증요청] 버튼을 터치합니다. 문자로 받은 인증번호를 입력한 후 [인증하기] 버튼을 터치합니다.

09 '이용안내' 창의 [확인] 버튼을 터치합니다. 회원가입이 완료되었습니다.

01 하단의 [홈] 탭을 터치하고 [출발]을 선택합니다. 출발역을 선택합니다.

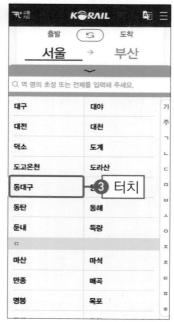

02 [도착]을 터치합니다. 도착역을 선택합니다.

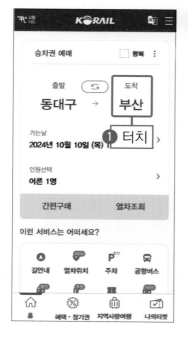
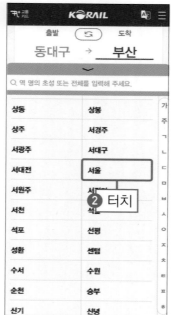

03 [가는 날 >]을 터치합니다. 날짜와 시간을 선택한 후 [확인] 버튼을 터치합니다.

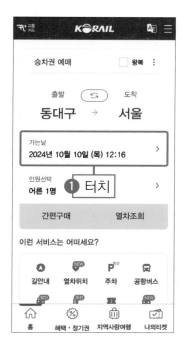

04 [인원선택 >]을 터치합니다. 탑승할 인원의 연령대와 인원수를 선택합니다. 예제에서는 '경로, 1명'으로 설정하기 위해 [경로]의 ⊕을 한 번 터치합니다.

05 인원 설정이 끝나면 반드시 기본으로 설정되어 있는 '어른, 1명'을 삭제해야 합니다. 삭제하지 않으면 2명으로 결제되므로 주의합니다. [어른]의 ⊖을 터치합니다. 이어서 [확인] 버튼을 터치합니다.

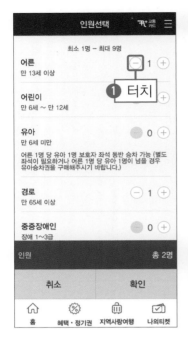 

06 [열차조회] 버튼을 터치합니다. 원하는 출발 시간과 도착 시간의 열차를 선택합니다.

 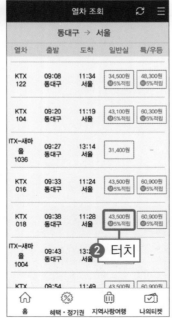

07 요금을 확인하기 위해 [운임요금] 탭을 터치합니다. 요금을 확인한 후 [확인] 버튼을 터치합니다.

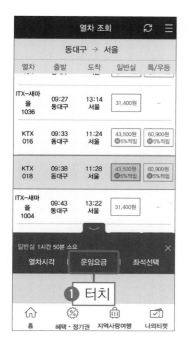
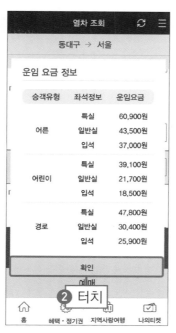

08 좌석을 선택하기 위해 [좌석선택] 탭을 터치합니다. 원하는 좌석을 선택하고 [선택 완료] 버튼을 터치합니다.

09 [예매] 버튼을 터치합니다. 회원번호와 비밀번호를 입력합니다. 다음에 자동으로 로그인하기 위해 '회원번호저장'과 '자동로그인'에 체크한 후 [로그인] 버튼을 터치합니다.

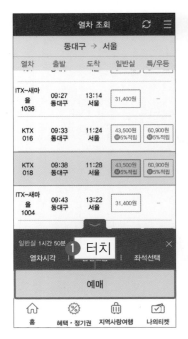
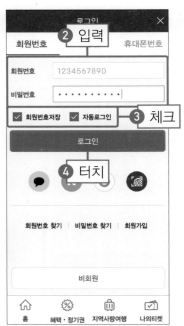

10 [결제하기] 버튼을 터치합니다. [다음] 버튼을 터치합니다.

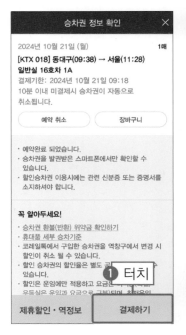

11 [카드결제] 탭을 터치합니다. 카드 정보를 입력합니다. '개인정보 수집 및 이용 동의'와 '이 카드를 자주쓰는 카드로 등록'에 체크하고 [결제/발권] 버튼을 터치합니다.

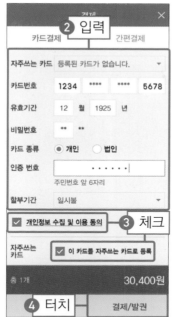

12 승차권 예매가 완료되었습니다.

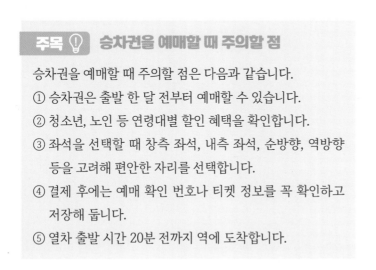

주목 💡 **승차권을 예매할 때 주의할 점**

승차권을 예매할 때 주의할 점은 다음과 같습니다.
① 승차권은 출발 한 달 전부터 예매할 수 있습니다.
② 청소년, 노인 등 연령대별 할인 혜택을 확인합니다.
③ 좌석을 선택할 때 창측 좌석, 내측 좌석, 순방향, 역방향 등을 고려해 편안한 자리를 선택합니다.
④ 결제 후에는 예매 확인 번호나 티켓 정보를 꼭 확인하고 저장해 둡니다.
⑤ 열차 출발 시간 20분 전까지 역에 도착합니다.

01 마지막으로 승차권을 취소하는 방법을 알아보겠습니다. '나의티켓' 화면을 위로 스크롤합니다. [반환하기] 탭을 터치합니다.

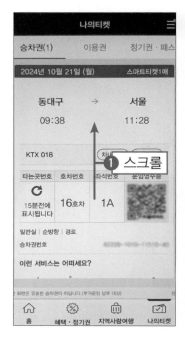
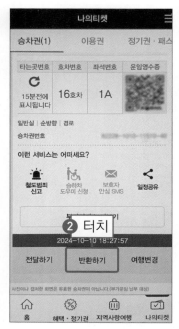

02 '반환하기' 화면에서 취소할 승차권 목록을 선택하고 [반환하기] 버튼을 터치합니다.

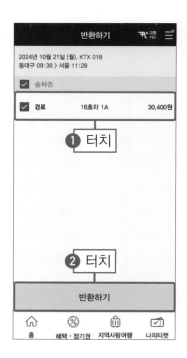

03 '이용안내' 창의 [반환요청] 버튼을 터치합니다. '반환완료' 창의 [확인] 버튼을 터치합니다.

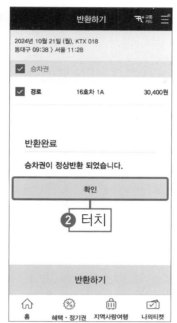

04 승차권 취소가 완료되었습니다. 신용카드로 결제하면 승차권의 환불 금액이 자동으로 반환됩니다.

주목 💡 **승차권을 취소할 때 주의할 점**

승차권을 취소할 때 주의할 점은 다음과 같습니다.

① 열차 출발 3시간 전까지는 취소 수수료가 없지만, 3시간 이후부터는 수수료가 발생합니다.

② 승차권에 표기된 도착 시각이 지나면 환불이 불가합니다.

③ 현금으로 결제한 경우에는 역 창구에 승차권을 제출하면 환불받을 수 있습니다.

이원철TV의 스마트폰 사용 설명서

초 판 발 행	2024년 12월 24일
발 행 인	박영일
책 임 편 집	이해욱
저 자	이원철
편 집 진 행	정민아
표 지 디 자 인	김지수
편 집 디 자 인	김세연
발 행 처	시대인
공 급 처	(주)시대고시기획
출 판 등 록	제 10-1521호
주 소	서울시 마포구 큰우물로 75 [도화동 538 성지 B/D] 6F
전 화	1600-3600
홈 페 이 지	www.sdedu.co.kr
I S B N	979-11-383-8448-3 [13000]
정 가	17,000원

시대인은 종합교육그룹 (주)시대고시기획 · 시대교육의 단행본 브랜드입니다.